KB040774

다음 세대를 생각하는
인문교양 시리즈

시장,
세상을 균형 있게 보는 눈

시장경제를 알면 보이는 것들

김재수 지음

샘터

어려운 질문에 쉬운 대답은 없다

사회문제를 다루는 시사토론을 본 적이 있나요? 여기서 빠지지 않고 등장하는 단어가 있어요. '시장'과 '정부'입니다. 대부분 정책 토론은 '시장에 맡겨야 하느냐, 정부가 개입해야 하느냐'라는 논쟁으로 이어집니다. 전문가 사이에서 펼쳐지는 시사토론만 그런 것이 아니에요. 시민단체와 이익단체가 펼치는 시위도 마찬가지입니다. 신자유주의 정책을 비판하며 정부가 나서서 해결하라고 요구하고, 반대로 자유시장을 보호하라며 정부가 나서지 말라고 요구합니다.

자유시장에 맡겨야 할까요? 정부개입이 필요할까요? 이것은 경제학에서 가장 오래되고 중요한 질문이에요. 정말 어렵고 큰 질문입니다. 어려운 질문에 쉬운 대답은 없어요. 복잡한 문제에 단순한 대답도 없습니다. 누가 쉽고 단순하게 대답한다면, 아마도 실제로는 잘 모르면서 잘 알고 있다고 착각하는 거예요.

가장 흔한 실수는 한쪽만 보는 것이에요. 시장경제의 장점이나 단점만 보는 사람은 확신에 찬 답을 하기 쉽습니다. 양쪽을 본다면 쉽고 단순하게 답하지 못해요. 또 다른 실수는 이분법으로 사고하는 것이에요. 양쪽을 살펴보지만, 모 아니면 도라는 흑백논리에 빠집니다. 시장경제와 사회주의를 비교하고, 시장경제가 사회주의보다 좋으니 자유시장경제가 언제나 정답이고 정부개입이 틀렸다고 생각합니다. 하지만 시장경제는 여러 형태로 존재하고 정부개입 방식도 다양하기 때문에, 어떤 방식이 더 좋은지 생각해야 합니다.

정치, 경제, 사회 논쟁이 아니더라도 시장경제를 이해하는 것은 개인 삶에서도 중요해요. 몸과 마음이 병들 정도로 입시 경쟁을 펼치는 이유, 대학에 가서도 스펙 쌓기에 열중하는 이유, 중소기업에서 일하면 대기업에 비해 임금을 절반 받는 이유, 하청업체에서 일하거나 비정규직으로 근무하면 산업재해 확률이 높은 이유, 같은 일을 해도 여성이 남성에 비해 낮은 월급을 받고 승진이 느린 이유, 더 싸게 살 수 있는 상품을 독점기업에서 비싸게 사는 이유, 결혼과 출산을 미루는 이유, 월급으로 내 집 마련이 힘든 이유 등은 시장경제가 작동하는 방식과 밀접하게 관련이 있습니다.

이 책은 '시장경제를 어떻게 이해할 것인가'에 답합니다. 이 작은 책이 시장경제에 대한 큰 질문에 모두 대답할 수 없습니다. 다만 여러분이 시장경제를 더 잘 알아서 세상을 '균형 있게 보는 눈'을 가지면 정말 좋겠습니다. 균형 있는 관점이란 무조건 중립을 지키는 것이 아니에요. 다양한 측면을 모두 살피고 복잡한 사안을 이해하고 원인과 결과를 꼼꼼하게 따지는 것입니다.

많은 사람이 "경제학이 분명한 정답을 제시한다"고 오해합니다. 게다가 경제학이 무조건 자유시장과 자유무역을 지지하고, 효율성이라는 협소한 기준으로 정책을 결정한다고 오해합니다. 경제학자가 가장 많이 쓰는 표현이 무엇인지 아세요? "그것을 결정하는 조건은~", "~라는 조건에 따라 달라진다" 같은 것이에요. 경제학은 경제 현상의 인과관계가 어떤 조건과 맥락에 따라 달라지는지 연구합니다. 예를 들어 경제학은 세계화가 좋다거나 나쁘다고 결론을 내리는 학문이 아니에요. 경제학은 세계화가 언제, 어떤 조건에서 불평등을 키우거나 줄이는지 연구하는 학문입니다. 시장과 정부의 역할도 마찬가지입니다.

이 책은 시장이 언제 잘 작동하고 언제 작동하지 않는지, 시장이 언제 대다수의 이익을 보호하고 언제 상위 극소수의 이익을 위해 대다수에게 손해를 끼치는지 질문하고 대답합니다. 시장이 잘 작동하면 나눌 수 있는 경제적 파이는 더 커지고, 모두가 더 큰 조각을 가져갈 수 있어요. 반면 기울어진 시장은 특권층 몫을 키우기 위해 전체 파이가 작아지는 것을 허용합니다.

1장에서 경제학적 사고방식이 무엇인지 설명할게요. 세상은 비용과 편익이 공존하고, 불확실성이 숨어 있고, 복잡한 인과관계가 상호작용합니다. 이것을 이해하는 생각의 틀을 소개합니다. 보이는 것이 전부가 아니고 보이는 것만 고쳐서는 안 된다는 점을 깨달을 거예요. 2장에서 시장경제의 앞면을 볼게요. 어떻게 시장경제가 작동하는지, 어떻게 시장경제가 세상을 더 풍요롭고 행복하게 만드는지 알아볼게요. 3장에서 시장경제의 뒷면을 볼게요. 시장경제가 안고 있는 여러 문제를 살펴볼 거예요. 독점과 정실자본주의, 외부성과 공공재와 같은 공동체 문제, 정보의 불완전성이 낳는 역선택·차별·대리인 문제, 점점 심각해지는 불평등에 대해서 알아볼게요. 편의상 시장경제의 앞면과 뒷면을 구분하지만, 칼로 무 자르 듯 분명하지는 않아요. 2장 내용이 전적으로 시장경제를 찬양하거나, 3장 내용이 전적으로 시장경제를 비판하지는 않을 거예요.

자본주의 시장경제를 긴 기간 보며 평가하는 것과 짧은 기간 보며 평가하는 일은 아주 다릅니다. 시장경제가 전체 인류에게 가져다준 것과 시장경제가 개인 삶에 미친 영향을 평가하는 것도 다른 결론을 낳을지 몰라요. 시장경제는 인류를 지독한 가난에서 구출했지만, 시장경제가 삶을 모두 풍요롭고 행복하게 만들지 않습니다. 우리가 겪는 수많은 어려움과 고통이 시장경제에서 비롯되기도 합니다. 이 책을 통해 복잡한 시장경제를 이해하고, 더 좋은 세상을 만드는 통찰과 지혜를 얻기 바랍니다.

| 차례 |

3장. 시장경제 뒤에서 보기

1장

경제학적 사고방식
—
보이는 것이
전부가 아니다

피할 수 없는
선택의 대가

흔히 부족한 것이 없는 세상을 '천국'이나 '유토피아'라고 부릅니다. 희소성이 없는 세상이라고 할 수 있어요. 희소성이란 자원이 원하는 만큼 충분하지 않은 것입니다. 희소성이 없는 유토피아에서는 선택을 할 필요가 없어요. 모든 것이 필요한 만큼 다 있는 세상이니까요. 아이러니하게도 유토피아에 존재할 수 없는 것이 하나 있어요. 경제학이라는 학문입니다. 경제학은 희소성이 낳는 선택의 문제를 연구하는 학문이에요. '무엇을 생산할 것인가', '어떻게 생산할 것인가', '누가 소유할 것인가'라는 경제학의 기본 질문이 존재할 수 없습니다. 우리가 완벽한 세상에 살지 않기 때문에 경제학을 공

시장, 세상을 균형 있게 보는 눈

부할 수밖에 없어요.

희소성이 없는 재화와 서비스를 떠올릴 수 있나요? 거의 없기 때문에 대답하기가 쉽지 않습니다. 그나마 학생에게 자주 듣는 대답이 있습니다. "숨쉬기요!" 공기는 생명을 유지하기 위해 꼭 필요하지만, 우리가 필요한 것보다 많은 양이 존재하기 때문에 희소하지 않다고 말합니다. 맞아요. 희소하지 않기 때문에 공기를 들이마시고 내뱉는 데 선택을 하지 않습니다. 공기를 사고파는 경제행위가 존재하지 않는 이유입니다.

하지만 숨 쉬기가 어려워지고 공기가 희소해지는 특수한 상황이 있어요. 공기가 없는 우주와 물속입니다. 또한 폐 건강이 좋지 않은 환자도 생각해보세요. 이 경우에 산소를 사고팔기 시작합니다. 게다가 최근 미세먼지 문제가 심각해지자, 드디어 맑은 산소를 담은 산소 캔과 산소발생기가 시장에서 팔리기 시작했어요. 이처럼 사고파는 경제행위는 희소성에서 시작합니다.

최근 거의 모든 경제학 교과서는 구성 방식이 비슷합니다. 특히 교과서 첫 번째 단원은 경제학 기본 원리 또는 경제학적 사고방식을 문장 몇 개로 요약해서 소개합니다. 첫 번째 원칙은 '모든 선택에는 대가가 따른다'입니다. 앞의 설명처럼 세상의 자원은 희소하기 때문에 원하는 모든 것을 가질 수 없습니다. 우리는 무엇을 만들고,

어떻게 만들고, 누가 가질지 선택해야 합니다. 무엇을 선택하는 일은 다른 무엇을 대가로 지불하는 것입니다. 우리가 좋아하는 것을 얻기 위해서 좋아하는 다른 것을 포기할 수밖에 없습니다.

일상적인 선택에서부터 정부 정책 결정에 이르기까지 대가를 지불하지 않는 선택은 없습니다. 용돈으로 친구들과 영화를 보면, 그 돈으로 살 수 있는 옷이나 신발을 대가로 지불하는 것입니다. 시간 측면에서도 생각할 수 있어요. 영화를 보기로 선택한다면, 같은 시간에 야구장에 가거나 쇼핑을 즐기는 기회를 대가로 지불합니다.

정부 정책도 다르지 않습니다. 저소득 노동자층을 돕기 위해 최저임금을 인상한다고 합시다. 일자리를 더 만들기 위해 기업에게 감세 혜택을 제공하거나 각종 규제를 철폐하는 상황을 생각해보세요. 정책이 아무 대가를 요구하지 않는다면, 사실 논쟁할 필요도 없어요. 처음부터 이것을 정책이라고 부를 필요도 없지요. 숨쉬기처럼 대가가 없다면, 최저임금을 최대한 올려주고, 규제를 모두 철폐하면 됩니다.

언뜻 모두가 동의하는 것처럼 보이는 정책이 있습니다. 예를 들어, 인도 수도 델리에 사는 주민은 극심한 환경 문제로 고통을 받고, 정부가 이 문제를 해결하라고 자주 항의 시위를 했습니다. 거의 모든 시민의 지지를 받았습니다. 결국 정부가 환경 문제를 개선하기 위해 여러 가지 정책을 발표했습니다. 과연 모두가 만족했을까요? 이번에는 정부 정책을 폐지하라는 항의 시위가 시작되었습니다. 환경오염 산업에서 일하는 노동자가 자신의 직장을 잃을까 염려했기 때문입니다.

안전벨트 의무 착용 정책도 마찬가지예요. 안전벨트의 중요성에 이의를 제기하는 사람은 거의 없습니다. 안전벨트를 매지 않으면 사고로 사망하거나 크게 다칠 확률이 훨씬 높습니다. 하지만 안전벨트 착용이 의무화되자 예상하지 못한 일이 벌어졌습니다. 자동차 사고 수가 오히려 늘어났습니다. 사고가 나도 다칠 확률이 줄자 운전자가 이전보다 부주의하게 운전하기 때문이에요.

경제학적 사고방식의 첫걸음은 모든 일에 어떤 대가를 지불하는지 확인하는 일입니다. 저는 이를 '양면의 얼굴 보기', 또는 '무대의 뒷면 보기'라고 이름 붙입니다. 보통 미디어는 한 면만 보여줄 때가 많습니다. 최저임금 인상이 이루어질 때, 어떤 미디어는 최저임금 인상 혜택을 받은 노동자의 인터뷰를 보여주고, 또 다른 미디어는 최저임금 인상 때문에 직장을 잃은 노동자의 인터뷰를 보여줍니다. '대가'를 확인하는 경제학적 사고방식은 언제야 할까요? 언제나 양면을 모두 보는 것에서 시작합니다.

미디어가 흥미로운 이야기를 보여주길 좋아한다면, 경제학은 정책으로 혜택을 받는 사람과 피해를 받는 사람 모두를 통계 데이터로 정리하고 비교합니다. 하나의 이야기는 재빠르게 결론을 내리려고 하지만, 경제학은 모두의 이야기를 듣기 때문에 섣부르게 결론을 내리지 않습니다. 경제학은 보이는 것이 전부가 아니라는 것을 이해하고, 보이지 않는 대가를 확인하기 때문입니다.

'모든 선택에는 대가가 따른다'는 원칙과 관련해서 한 가지 더 이야기하고 싶은 것이 있어요. 모든 선택의 대가를 확인하는 것은 '독립적인 사고'를 요구합니다. 한쪽을 편들고 싶은 것이 인간의 본성인데, 어떤 선택도 대가를 피할 수 없다고 인정하고, 비용과 편익을 따지는 일은 용기가 필요합니다. 정치적, 사회적 동물인 인간은 집단 압력과 진영 논리에 갇히기 쉽지만, 양면과 이면을 보는 경제학적 사고는 반드시 진영 논리를 넘어서야 합니다.

이런 실험 연구가 있어요. 실험 참가자에게 직선 네 개를 보여줍니다. 이 중에서 두 직선만 길이가 같아요. 다른 하나는 훨씬 더 길고 다른 하나는 훨씬 더 짧습니다. 직선 네 개는 나란히 서 있기 때문에 누구나 길이가 같은 직선을 맞힐 수 있어요. 실험 참가자가 순서대로 소리 내 답합니다. 먼저 대답하는 참가자 몇 명은 줄곧 틀린 답을 말합니다. 사실 그들은 몰래 실험자를 돕는 가짜 참가자입니다. 이 행동은 집단 압력으로 작동하고, 뒤에 답하는 실제 참가자 상당수도 틀린 답을 따라 합니다.

진영 논리를 다룬 실험 연구도 있어요. 보수적인 사람으로 구성

된 실험 대상자를 두 그룹으로 나누어, 한 그룹에게만 어떤 복지 정책이 보수 진영의 지지를 받고 있다고 말해줍니다. 일반적으로 보수는 복지 정책을 반대하는데, 이 복지 정책은 같은 보수 진영에 속한 사람이 지지하고 있다고 말해줍니다. 그러면 이 말을 들은 그룹은 그렇지 않은 그룹에 비해서 복지 정책을 더 우호적으로 평가하고 지지합니다. 같은 진영의 사람이 찬성하고 있다고 이야기를 들었기 때문이에요. 물론 진보도 다르지 않습니다. 진보는 감세 정책을 반대하는 경향이 있는데요. 비슷한 방식으로 실험하면, 진보 진영도 마찬가지 결과를 보여줍니다.

따라 하기와 진영 논리에 빠지는 것은 본능에 가깝습니다. 한 면만 보는 사람일수록 더 확신에 차서 큰 목소리로 외칩니다. 진영 논리에 갇히면 무슨 사안이든지 우리 진영이 옳고 상대 진영이 틀릴 수밖에 없습니다. 우리는 상대 진영의 문제점을 꿰뚫어 보듯 자기 진영의 한계도 들여다보아야 합니다. 진영 논리를 거부하고 꼼꼼히 양면과 이면을 보는 일은 합리적 사고를 하겠다는 태도입니다. 일일이 선택의 대가를 확인하고 따라 하기나 편들기 사고를 거부합니다. 경제학적 사고방식은 우리가 당당히 독립적인 존재로 설 것을 요청합니다.

기회비용을 찾는 불온함,
매몰비용을 잊는 냉정함

어떤 선택이든 대가를 지불한다는 점을 이해했나요? 바로 그 대가가 경제학이 정의하는 비용입니다. 이를 '기회비용'이라고 합니다. 하나를 선택할 때, 포기해야 하는 다른 것이 바로 기회비용이에요. 경제학에서 비용이라고만 말해도, 언제나 기회비용을 의미합니다. 기회비용은 우리가 흔히 생각하는 비용 개념과 같을까요, 다를까요? 다르다면 어떻게 다를까요?

대학에 가는 비용을 생각해봅시다. 대학 교육을 받기 위해 여러분이 지불하는 비용은 무엇인가요? 강의실에 앉은 학생은 자신이 지불하는 등록금, 기숙사비, 교재 구입비, 교통비, 식사비 등을 하나

하나 말하기 시작합니다. 만약 여러분 부모님이 가계부를 쓴다면, 아마도 이 비용 모두를 '대학 교육비' 항목 아래에 쓸지 모릅니다.

어떤 것은 경제학자가 생각하는 대학 교육의 기회비용이 아닙니다. 무엇이 기회비용이 아닐까요? 또한 경제학자는 앞에서 언급되지 않았지만 훨씬 더 큰 기회비용을 지적합니다. 이것은 무엇일까요? 먼저 기숙사비, 교통비, 식사비는 교육에 따른 기회비용이라 할 수 없어요. 이것은 꼭 대학을 다니기 위해서 포기해야 하는 대가가 아니기 때문이에요. 만약 대학을 다니지 않고, 직장에서 일을 한다고 생각해보세요. 그래도 여전히 먹고, 자고, 이동하는 데 돈을 써야 하기 때문입니다.

반면 대학을 가지 않고 취업해서 벌 수 있는 소득은 기회비용의 일부입니다. 여러분이 대학을 가지 않고 일을 한다면, 일 년에 이천 오백만 원 정도 벌 수 있다고 합시다. 아무도 가계부 대학 교육비 항목에 이천 오백만 원을 포함하지 않겠지요. 반면 경제학자는 이것을 대학 교육을 위해 지불해야 하는 기회비용이라고 생각합니다. 처음에는 이런 기회비용 개념이 낯설게 느껴질지 몰라요.

왜 경제학은 기회비용 개념을 쓸까요? 기회비용이 선택과 의사결정에서 적절한 개념이기 때문입니다. 어떤 사람은 대학에 가는 기회비용이 무지 큽니다. 스타 운동선수를 생각해보세요. 르브론 제임스 같은 선수는 대학에 가지 않았습니다. 보통 사람과 달리, 르브론 제임스가 대학을 간다면 어마어마한 기회비용을 지불해야 합니다. 왜 그럴까요? 그가 대학에 간다면 NBA에서 벌 수 있는 연봉을 포기해야 하는데, 바로 그것이 대학 교육의 기회비용이기 때문입니다.

이제 왜 의사 결정에서 기회비용이 적절한 개념인지 이해할 거예요. 회계비용 차이가 아니라 기회비용 차이 때문에 우리와 르브론 제임스는 서로 다른 결정을 내립니다. 대다수 사람은 대학을 가는 것이 합리적이지만, 르브론 제임스는 대학을 가지 않는 것이 합리적일 수 있습니다. 이제 기회비용이라는 관점을 통해서 모든 의사 결정을 생각해보세요. 거의 모든 인간 행동은 기회비용에 반응하는 것입니다.

왜 선진국 출산율이 개발도상국보다 더 낮을까요? 아기 분유 값과 기저귀 값이 더 비싸서 그럴까요? 사실 품질이 같은 아기용품은 선진국에서 더 쌉니다. 이제 아기를 낳고 키우는 기회비용을 생각해보세요. 아기를 키우기 위해서 포기해야 하는 비용이 뭘까요? 가장 큰 부분은 육아에 따른 소득 감소입니다. 맞벌이 부부가 아기를 갖으면, 대부분 부부 중 한 명이 직장을 그만두거나 일하는 시간을 줄입니다. 육아를 위해 포기해야 하는 소득은 당연히 선진국에서 더 크기 때문에, 아기를 낳고 키우는 기회비용이 선진국에서 더 클 수밖에 없고, 선진국의 출산율이 더 낮아집니다.

시장, 세상을 균형 있게 보는 눈

취업재수를 선택하는 사람이 점점 느는 것도 기회비용 측면에서 생각할 수 있어요. 여러 신문 기사에 따르면, 구직자 절반이 원하는 직장을 잡지 못하면 취업재수를 하겠다고 합니다. 그들은 주로 대기업 입사와 공무원 채용을 목표하고 있어요. 반면 중소기업은 사람을 뽑지 못하는 어려움을 겪는다고 합니다. 취업난과 구인난이 동시에 존재하는 상황입니다. 어떤 정치인은 대기업과 공무원에 목매는 젊은이를 꾸짖으며 중소기업에 취직하라고 말합니다.

그들 말처럼 중소기업에 취업을 하면 당장 임금을 받으며 살 수 있습니다. 그렇다면 중소기업 취업의 기회비용은 무엇일까요? 1, 2년 후라도 대기업에 취직하거나 공무원이 되는 가능성입니다. 대기업 임금과의 격차 또는 공무원의 정년 보장 및 연금 지급이 중소기업 취업의 기회비용입니다. 이 기회비용이 취업재수 기간 벌 수 있는 중소기업 연봉보다 훨씬 크기 때문에 많은 젊은이가 취업재수를 선택합니다. 특히 중소기업에서 대기업으로 이직하는 것이 매우 어렵습니다. 이런 상황을 바꾸기 위해 노력해야 할 정치인이 중소기업에 취직하지 않는 젊은이를 탓하는 것은 어리석은 일입니다.

기회비용이 선택에 따른 대가라면, 아무것도 하지 않을 때에 어떤 비용도 지불하지 않을까요? 이런 상황을 생각해보세요. 식당 매니저가 새 요리사를 고용하자고 식당 주인에게 제안을 합니다. 위낙 유능한 요리사여서 상당한 연봉을 주어야 채용할 수 있습니다. 그런데 주인은 일언지하에 제안을 거절합니다. 주인은 비용을 줄이기 위해 노력해야 하는 시점에 더 많은 돈을 들여 새 요리사를 고용할 수 없다고 말합니다. 여러분은 식당 주인의 논리를 어떻게 생각하나요?

숫자로 생각해볼게요. 현재 식당은 매달 백만 원씩 손해를 보고 있어요. 유능한 요리사를 고용하려면 삼백만 원의 월급을 주어야 한다고 합시다. 이런 상황에서 주인은 새 요리사를 고용하면 매달 사백만 원이나 손실을 보게 된다고 생각해요. 하지만 솜씨 좋은 요리사 때문에 영업 이익이 삼백 오십만 원 올라간다고 해봅시다. 그러면 매달 손실이 백만 원에서 오십만 원으로 줄어듭니다. 삼백만 원 월급이 비싸 보여도, 새 요리사를 고용해야 손실이 줄어듭니다.

식당 주인처럼 생각하는 사람이 생각보다 아주 많습니다. 오바마 전 미국 대통령이 전 국민 건강보험을 추진하자, 많은 사람이 전 국민 건강보험은 천조 달러 이상이 필요하다는 이유로 반대했어요. 전 국민 건강보험에 찬성할 수도 있고 반대할 수도 있습니다. 하지만 천조 달러 이상이 들기 때문에 반대한다는 논리에는 중요한 문제점이 있습니다. 전 국민 건강보험을 도입하지 않는다고 해서 비용이 들지 않는 것은 아니기 때문입니다. 전적으로 시장에 맡긴 미국 의료 체계는 매우 비효율적이고 비싸기로 악명이 높아요. 만약

시장, 세상을 균형 있게 보는 눈

지금 지불하는 비용이 천조 달러보다 크다면, 천조 달러를 지불해 의료제도 개혁을 단행하는 것이 비용을 줄이는 선택이 됩니다.

아무것도 하지 않는 것은 종종 비용을 야기하지 않는 중립적인 상황으로 생각됩니다. 그러나 하지 않는 것도 하나의 선택이라고 꼭 기억하세요. '아무것도 선택하지 않는 것'의 대가는 바로 '무엇을 선택할 수 있는 것'입니다. 이 점에서 경제학은 불온한 정신이 있습니다. 모든 것에서 기회비용을 찾는 학문이에요.

어떤 기업이 달 관광을 위한 우주왕복선을 개발한다고 합시다. 지금까지 대략 100조 원 투자했고, 10년이 걸린 개발은 거의 완성 단계에 이르렀어요. 이제 마지막으로 한 달 정도 남았는데 추가 비용이 500억 원입니다. 그런데 마케팅 부서가 암울한 시장조사 결과를 발표합니다. 우주왕복선의 운영비를 감당하려면 최소한 고객 1명당 10억 원의 요금을 받아야 하는데, 이 돈을 내고 여행하겠다는 고객이 없어요. 요금을 1억으로 낮추어야 여행 상품을 팔 수 있지만, 운영 적자를 피할 수 없습니다.

여러분이 프로젝트 책임자라면 어떻게 하겠어요? 한 달 남은 프로젝트를 그만두고 없던 일로 해야 할까요? 이렇게 질문하면 대부분 학생은 당연히 프로젝트를 계속해야 한다고 대답합니다. 만약 지금 그만두면, 10년과 100조 원을 잃어버리기 때문이라고 답해요.

게다가 이미 써버린 10년과 100조 원에 비한다면, 프로젝트를 끝내기 위해 추가로 필요한 한 달과 500억 원은 아주 작기 때문에 더 그렇다고 대답합니다.

여기서 다시 경제학자와 보통 사람 사이에 큰 차이가 있습니다. 경제학자는 프로젝트를 그만두어야 한다고 대답할 거예요. 이미 들어간 시간과 돈, 10년과 100조 원은 프로젝트 지속 여부와 상관없이 이미 써버린 비용이고 고려하지 않아야 하기 때문이에요. 경제학에서는 이미 써버린 비용을 '매몰비용'이라고 부릅니다. 기회비용과 달리 매몰비용은 의사 결정에 전혀 반영되지 않아야 합니다. 왜냐하면 의사 결정과 상관없기 때문이에요.

이렇게 생각해보세요. 만약 사업을 그만두면 총비용이 얼마인가요? 지금까지 투자한 100조 원입니다. 만약 사업을 계속하면 어떻게 될까요? 지금까지 투자한 100조 원에 추가 비용 500억 원 그리고 운영 손실입니다. 100조 원은 어느 경우에나 지불해요. 사업을 계속하면 추가 비용 500억 원과 운영 손실이 발생하므로 더 진행할 이유가 없습니다. 심지어 프로젝트를 마무리하기 위한 추가 비용이 겨우 백만 원이라고 가정해도, 백만 원을 더 쓰지 않고 프로젝트를 중단하는 것이 합리적입니다.

왜 많은 사람이 계속해야 한다고 답할까요? 이미 써버린 비용임에도 불구하고, 프로젝트를 그만두면 또 잃는다고 생각하기 때문입니다. 일종의 심리 비용이라고 할 수 있어요. 합리적으로 생각하면 이미 잃어버린 것을 다시 잃어버릴 수 없지만, 심리적으로 느끼는 것입니다.

이것은 실제로 자주 벌어지는 실수입니다. 앞의 예는 초음속 여객기 콩코드의 역사입니다. 이미 사업 전망이 어둡다는 것을 알았지만, 개발 책임자는 지금까지 투자한 것을 잃지 않기 위해서 콩코드 개발을 밀어붙였습니다. 사대강 사업도 크게 다르지 않아요. 사업이 한참 진행된 시점에서, 사대강 사업이 환경을 파괴하고 수자원 확보와 수해 예방이라는 원래 목적도 달성할 수 없다는 비판이 거셌습니다. 담당자는 이미 시작한 것을 포기하면 잃는 것이 많다는 논리를 내세웠습니다. 이 사고 오류를 '매몰비용 오류'라고 부릅니다.

일상에서 매몰비용 오류에 빠지는 일은 참 많이 일어납니다. 매몰비용을 가르친 후 학생에게 자신의 경험을 써보라는 숙제를 꼭 냅니다. 여러분도 생각해보세요. 자주 등장하는 예를 몇 가지 소개할게요. "영화를 보러 갔는데, 너무 재미가 없지만 돈이 아까워서 끝까지 보았다." "뷔페에서 배가 무척 불렀지만 본전을 뽑기 위해 계속 먹었다." "선택한 전공에 흥미를 잃었지만, 이미 몇 년이나 투자를 해서 전공을 바꾸지 못했다." "더 이상 애인을 사랑하지 않지만, 지난 몇 년 동안 함께 보낸 시간과 추억 때문에 헤어지지 못했다." 매몰비용 오류는 이미 지나간 것을 보내주지 못하고 걱정하는 심리 상태와 관련이 깊어요.

기회비용 개념이 불온함이라는 정신을 담는다면, 매몰비용 개념은 냉정함이라는 정신을 담습니다. 합리적인 결정을 위해서 이미 써버린 비용을 냉정하게 무시해야 합니다. 경제학적 사고방식은 기회비용을 찾는 불온함과 매몰비용을 무시하는 냉정함을 넘나들 것을 요구해요.

시장, 세상을 균형 있게 보는 눈

좌우를 넘나드는
한계적 사고

여러분이 비디오 게임을 서너 시간 하면, 부모님은 뭐라고 말씀하시는지 궁금합니다. 저와 크게 다르지 않다면, 이제 좀 그만하라고 이야기하겠죠. 제 아들은 고등학교 2학년인데, 하루도 빠지지 않고 포트나이트 게임을 합니다. 경제학을 가르치는 아빠를 둔 덕분에 독특한 잔소리를 듣습니다. "아무리 게임이 재미있어도 게임을 즐기는 기회비용이 있다는 것을 잊지 말아. 재미와 기회비용을 고려해서 최적 시간만큼 해야 해."

다음 문제를 함께 생각할게요. 게임을 통해 얻는 재미와 행복 정도를 '편익'이라고 부르겠습니다. 아래 표에서 보듯이, 게임을 오래 할수록 총편익이 증가합니다. 한 시간 게임을 하면 행복함이 5이고, 두 시간 게임을 하면 9, 세 시간 게임을 하면 12, 이렇게 증가합니다. 반면 게임에 따른 기회비용도 증가합니다. 게임을 하느라 공부 시간, 운동 시간, 또는 친구와 보내는 다른 시간이 줄어들기 때문입니다. 게임 시간이 늘수록 비용도 증가하는 것을 볼 수 있습니다.

게임시간	총편익	총비용	잉여	한계편익		한계비용
0	0	0	0	–		–
1	5	1	4	5	>	1
2	9	3	6	4	>	2
3	12	6	6	3	=	3
4	14	10	4	2	<	4
5	15	15	0	1	<	5

| 한계편익과 한계비용

이런 상황이라면 여러분은 몇 시간 동안 게임을 하나요? 만약 게임에 따른 대가, 즉 비용이 없다면 대답은 무척 쉽습니다. 최대한 게임을 많이 하는 것입니다. 게임을 할수록 총편익은 증가하니까요. 하지만 모든 선택에는 대가가 따릅니다. 총비용도 함께 증가합

시장, 세상을 균형 있게 보는 눈

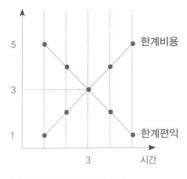
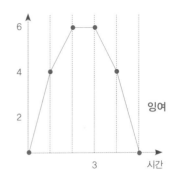

| 최적 선택을 찾는 한계적 사고

니다. 그렇다면 최적 선택은 무엇일까요?

최적 게임 시간은 총편익과 총비용의 차이, 즉 잉여를 가장 크게 만드는 시간입니다. 한 시간 게임을 하면 총편익 5 빼기 총비용 1, 즉 5 - 1 = 4라는 잉여를 얻습니다. 두 시간 게임을 하면 총편익 9 빼기 총비용 3, 즉 9 - 3 = 6이라는 잉여를 얻습니다. 시간마다 잉여를 구할 수 있습니다. 그렇다면 잉여가 극대화되는 게임 시간을 찾아보세요. 두 시간 또는 세 시간을 하면 가장 큰 잉여 6을 얻습니다.

이제 조금 다르게 이 문제를 생각할게요. 경제학에서 '한계'라는 개념이 항상 사용됩니다. 한계는 '작다'라는 의미입니다. 작은 변화가 가져오는 차이를 이해하고 싶을 때마다, '한계'라는 개념을 이용합니다. 한계편익은 게임 시간을 조금 늘릴 때 증가하는 편익 크기입니다. 작은 변화를 한 시간으로 생각한다면, 한계편익은 게임을 한 시간 더 할 때 늘어나는 추가 편익입니다. 게임 시간이 한 시간에서 두 시간으로 늘 때를 생각해보세요. 총편익은 5에서 9로 증가하므로 두 번째 시간의 한계편익은 총비용의 증가분 9 - 5 = 4입니다. 세 번째 시간의 한계편익은 12 - 9 = 3입니다.

한계편익을 통해서 총편익을 계산할 수도 있어요. 두 시간 게임을 하면 총편익 9를 얻는데, 이것이 모두 두 번째 시간에서 온 것이 아니고, 첫 번째 시간이 5만큼 행복을 주고, 두 번째 시간이 추가적으로 4만큼 행복을 주었습니다. 따라서 두 시간의 총편익이 9입니다.

한계비용도 같은 방식으로 정의됩니다. 한계비용은 게임을 한 시간 더 할 때 늘어나는 추가 비용입니다. 첫 번째 시간의 한계비용은 1 - 0 = 1, 두 번째 시간의 한계비용은 3 - 1 = 2, 세 번째 시간의 한계비용은 6 - 3 = 3입니다. 한계편익과 한계비용이 어떻게 계산되는지 이해되나요?

이제 최적 선택을 생각하기 위해서 조금 다르게 물어볼게요. 첫 번째 한 시간의 게임을 하는 것이 좋을까요? 첫 번째 한 시간은 5만큼 한계편익을 주고, 1만큼 한계비용을 일으킵니다. 따라서 당연히 해야 합니다. 그럼 두 번째 한 시간의 게임을 하는 것이 좋을까요? 두 번째 한 시간이 주는 한계편익은 4, 한계비용은 2이므로 역시 게임을 하겠다고 답합니다. 세 번째 한 시간을 하면 어떻게 될까요? 세 번째 한 시간은 3만큼 한계편익을 주고 3만큼 한계비용을 낳습니다. 해도 그만, 안 해도 그만이라고 할 수 있습니다. '무차별'하다라고 말할 수 있어요. 이때 그냥 한다고 해봅시다. 그렇다면 네 번째 한 시간도 게임을 할까요? 이제 한계편익이 한계비용보다 더 작아집니다. 한계편익은 2, 한계비용은 4이에요.

여러분은 지금 경제학에서 가장 중요한 개념을 배웠습니다. 어떤 문제든지 최적 선택은 한계편익과 한계비용이 같아지는 지점을 찾는 것입니다. 한계편익이 한계비용보다 크면, 잉여는 증가합니다. 다시 말하면, 추가 편익이 추가 비용보다 크면 게임을 더 해야 합니다. 반대로 한계편익이 한계비용보다 작으면, 잉여가 감소합니다. 따라서 더 적게 해야 합니다.

경제학에서 '한계적 사고'라는 말을 많이 씁니다. 최적 선택을 하기 위해서 한계편익과 한계비용이 같아지는 지점을 찾는 사고방식입니다. 저는 이것을 좀 더 적극적으로 해석하고 싶어요. 한계적 사고란 우리가 사는 세상이 직선처럼 단순하지 않다는 사실을 인정하고, 극단적이 아니라 균형 있게 사유하는 방식입니다.

만약 편익이 없거나 비용이 없다면, 잉여 곡선은 포물선이 아니라 항상 증가하거나 항상 감소하는 단순한 선형線型이 됩니다. 그렇다면 선택은 너무 쉽습니다. 하루 종일 게임만 하거나, 게임을 아예 하지 않는 것입니다. 하지만 모든 선택은 대가를 요구합니다. 게임을 하면 공부할 시간을 포기해야 하고, 게임을 하지 않으면 게임에서 얻는 재미를 포기해야 합니다. 이는 우리가 사는 세상이 잉여 곡선처럼 비선형의 모습을 띠고 있다는 말과 같아요. 따라서 흑과 백, 모와 도로 생각하면 안 됩니다. 적절한 시간만큼 비디오 게임을 해야지, 하루 종일 게임을 하거나 아예 안 하는 것이 답이 될 수 없습니다. 너무나 당연한 말이지만, 사람들은 이렇게 기본적이고 당연한 경제적 선택 원칙을 쉽게 무시합니다.

제가 즐겨 드는 예가 있어요. 오바마 전 미국 대통령이 부유층 증세, 국가 의료보험 제도 도입, 금융산업 감독 및 규제 강화 같은 정책을 펼치려 하자, 경제학자 다니엘 미첼이 "스웨덴이 미국처럼 변화할 때, 왜 오바마는 미국을 스웨덴처럼 만드는가?"라는 칼럼을 썼습니다. 스웨덴은 세금이 높고 정부가 적극적으로 사회안전망을 제공해요. 반면 미국은 상대적으로 세금이 낮고 사회안전망이 적어요. 북유럽 자본주의와 미국 자본주의가 보이는 큰 차이입니다. 그런데 최근 스웨덴이 세금을 조금 낮추고 사회안전망을 조금 완화했어요. 다니엘 미첼은 이 사실을 지적하며 미국이 거꾸로 스웨덴처럼 가는 것은 틀리다고 주장했습니다. 이 칼럼은 자유시장주의를 지지하는 경제학자와 대중의 큰 지지를 받았습니다.

언뜻 들으면 상당히 그럴 듯하고 설득력 있게 들리는 것이 사실이에요. 하지만 그의 주장은 경제학적 사고방식의 기본을 위반했습니다. 앞의 설명처럼, 세상을 선형처럼 생각하고 흑과 백의 결론을

시장, 세상을 균형 있게 보는 눈

끌어내기 때문이에요. 비선형 세계에서는 미국이 스웨덴처럼 변하고, 스웨덴이 미국처럼 변해도 두 나라 경제가 모두 좋아질 수 있어요. 미국에서 정부 역할이 더 강화되고, 스웨덴에서 시장 역할이 더 강화될 때 두 나라 경제는 최적점에 가까워집니다.

중기는 하루 종일 게임만 하고, 시진은 종일 공부만 한다고 합시다. 중기는 시진에게 영향을 받아서 하루에 30분 정도라도 게임 대신 공부를 하기 시작했어요. 반면 시진은 머리를 식히기 위해 하루에 30분씩 게임을 하기 시작했습니다. 그런데 시진이 엄마가 고작 하루에 30분 게임을 하는 시진에게 이렇게 말한다고 합시다. "중기는 요즘에 너처럼 되려고 하는데, 왜 너는 중기처럼 되려고 하니?" 얼마나 답답한 말이에요. 다니엘 미첼의 주장은 이와 크게 다르지 않습니다.

경제학적 사고방식은 선형적 사고와 이분법을 벗어나는 것입니다. 그럼에도 불구하고 경제학에서 가장 크고 오래된 논쟁은 종종 선형적이고 이분법적으로 이루어집니다. 다름 아닌 '시장이냐 정부냐'라는 논쟁입니다. 참 이상하지 않나요? 가장 중요한 경제학 논쟁이 기본적인 경제학적 사고방식을 따르지 않고 벌어집니다. 시장에 맡기면 된다고 주장하거나, 정부 규제로 해결된다는 주장이 자주 펼쳐집니다. 이념에 사로잡힌 사람일수록 정책 편익만 보거나, 아니면 비용만 보며 쉬운 대답을 하려고 합니다. 이것은 마치 선택의 대가가 존재하지 않다고 여기며 복잡한 세상을 직선으로 바라보는 것과 같습니다.

'시장이냐 정부냐'라는 질문에 어떻게 접근해야 할까요? 선형적으로 또는 이분법적으로 답할 수 없어요. 시장과 정부의 비용과 편익을 파악하고, 둘 사이 최적 조합을 생각해야 합니다. 최적 조합은 사안마다 달라질 수밖에 없습니다. 저는 수업에서 "선형적 사고와 이분법을 거부하는 한계적 사고 원칙, 이것 하나만 잊지 않고 세상사를 바라볼 수 있다면 A학점을 주고 모든 수업을 끝내고 싶다"고 학생에게 말합니다. 이건 정말 진심입니다.

단순한 균형 뒤에 숨은
복잡한 세상

마트에서 장을 본 후 계산하는 상황을 상상해볼게요. 여러 개의 계산대 중에서 어떤 줄에 설지 결정해야 합니다. 만약 한 계산대 앞에 열 명이 줄을 서 있고, 다른 계산대 앞에 한 명이 서 있다고 해봅시다. 게다가 긴 줄에 선 사람들은 많은 물건을 들고 있어요. 이런 상황을 본 적이 있나요?

학생들에게 '균형'이라는 개념을 소개할 때마다 사용하는 비유입니다. 아마도 '균형'이라는 표현을 들어보았을 거예요. 경제학에서 많이 쓰는 표현인데요. 균형이란 의미는 무엇일까요? 경제학 교과서는 다음과 같이 정의합니다. 모두가 최적 선택을 하고 있고, 아무도 자신의 행동을 바꿔서 혜택을 볼 수 없는 상황입니다.

한 계산대 앞에서만 길게 늘어선 모습은 균형이 될 수 없어요. 누구는 기다리는 시간을 줄이기 위해 다른 줄로 이동하기 때문입니다. 보통 모든 계산대의 줄 길이가 대충 비슷합니다. 모두가 최적 선택을 하고 있고, 다른 줄로 이동해서 더 좋아질 수 없기 때문이에요. 바로 이 상황을 균형이라고 할 수 있습니다.

계산대 사례처럼 우리가 눈으로 직접 관찰하는 균형의 모습은 단순합니다. 하지만 단순한 균형이 나타나는 중간 과정에 복잡한 의사 결정과 상호작용이 있습니다. 계산대에 도착하는 사람은 모두 재빠르게 계산대 상황을 살펴봅니다. 계산대마다 몇 사람이 서 있는지, 얼마나 많은 물건을 계산하는지 확인하지요. 만약 먼저 도착한 사람이 어떤 계산대 앞에 서면, 뒤에 도착하는 사람은 같은 방식으로 계산해 다른 계산대 앞에 설 것입니다.

균형이 내포하는 두 가지 특징을 이해해야 합니다. 첫째, 사람은 멍청하지 않습니다. 줄이 길게 늘어선 계산대 앞에 서는 사람은 없습니다. 경제학자가 즐겨 쓰는 표현처럼, '사람은 인센티브에 반응'하기 때문입니다. 다들 빠른 계산을 통해 가장 짧은 시간 동안 서는 줄을 찾습니다. 둘째, 세상은 복잡하게 얽히고설켜 있습니다. 우리가 보는 결과는 단순하지만, 이것은 이미 수많은 최적 선택이 상호작용해서 낳은 결과입니다. 계산대 앞 줄은 거의 비슷하고, 어디에서든 비슷한 시간을 기다립니다. 결과는 단순하게 나타나지만, 과정은 그렇지 않다는 것을 이해해야 합니다.

'사람은 멍청하지 않다', '복잡한 상호작용이 벌어진다'라는 두 가지 균형 특징은 경제학적 세계관이라 할 수 있어요. 가격이나 거래량 같은 숫자 하나도 균형 개념을 통해 이해해야 합니다. 상품 가격은 숫자 하나에 불과하지만, 수많은 사람의 의사 결정이 톱니바퀴처럼 맞물려 나타납니다. 지역, 국가, 사회의 모습을 이해하기 위해 경제성장률을 보거나 불평등지수와 빈곤율을 볼 때도 마찬가지입니다.

균형 개념을 설명한 후, 제가 미국 학생들에게 보여주는 사진이 있어요. 번화한 서울 거리와 지하철 노선도입니다. 서울 지하철과 대중버스가 얼마나 편리하고 대단한지 자랑하고 학생들에게 약간 과장된 이야기를 들려주곤 합니다. 많은 대도시처럼 서울 역시 심각한 교통체증이 있었습니다. 교통체증은 한국이 빠르게 성장한 1980년대부터 시작되었습니다. 당시 도시정책 담당자는 이 문제를 해결하기 위해 새로운 도로를 놓고, 기존 도로를 확장하고, 지하철을 건설하는 계획을 세웠습니다. 프로젝트가 완성되면 서울이 교통체증에서 자유로운 도시가 될 것이라고 선언했습니다.

이렇게 말한 후에 학생들에게 물어요. "지금 서울은 세계 최고 수준의 대중교통 시스템이 있습니다. 그렇다면 당시 공무원이 약속한 것처럼 서울은 교통체증이 없는 도시가 되었을까요?" 책을 읽는 여러분은 정답을 알지만, 서울에 가본 적이 없는 미국 대학생은 고개를 갸우뚱합니다. 당연히 교통 사정이 더 좋아졌다고 생각하는데 왜 이 질문을 던질까라고 생각하겠죠. 하지만 우리가 아는 것처럼, 교통체증은 여전합니다. 왜 그럴까요?

사람은 멍청하지 않기 때문이에요. 대중교통 때문에 교통 사정이 좋아질수록 더 많은 사람이 서울과 근교로 이사를 오기 시작했어요. 더 많은 회사도 서울에 자리를 잡기 시작했습니다. 결국 대중교통 시스템이 크게 좋아졌지만, 교통체증이 크게 개선되지 않았습니다. 유명한 학술지에 실린 논문에 따르면, 미국 상황도 마찬가지입니다. 교통체증을 해소하기 위해 고속도로와 순환도로를 건설했지만, 교통체증이 감소한다는 증거를 찾지 못했습니다.

비슷한 예로 캘리포니아 주 건물 에너지 법안도 생각해볼게요. 1978년 캘리포니아 주는 에너지 효율성을 위해 새로운 건물이 갖추어야 할 여러 조건을 법제화했어요. 전문가는 새로운 법안 때문에 가계 에너지 사용량이 80% 줄 것으로 예상했습니다. 그러나 최근 연구에 따르면, 에너지 사용량이 거의 감소하지 않았습니다. 왜 그럴까요? 사람은 멍청하지 않기 때문이에요. 집의 에너지 효율성이 높아지고 난방 부담이 줄자, 다른 방식으로 전기 사용을 늘리기

시장, 세상을 균형 있게 보는 눈

시작했습니다. 과거보다 보일러를 더 돌리고, 따뜻한 물을 더 많이 쓰고, 여름에 에어컨도 더 오래 사용하기 시작했습니다.

균형 개념은 보이는 것이 전부가 아니고, 세상을 바꾸는 것이 쉽지 않다는 가르침을 담습니다. 보이는 것만 바꾼다고 해서 우리가 원하는 대로 세상이 변한다고 생각하면 안 됩니다. 보이는 것 뒤에 똑똑한 인간과 복잡한 세상이 존재하니까요. 균형 개념을 이해하지 못하는 사람은 보이는 것에 지나치게 집중하고 성급하게 문제를 분석한 후 간단한 대안을 제시합니다.

농산물 가격이 폭락해서 농민이 고통을 받으면, 정부가 나서서 가격을 높이라고 말합니다. 성별 임금격차가 크다고 하면, 남녀에게 동일한 임금을 주자고 말합니다. 균형 개념을 이해하지 못하면 쉬운 대답을 제시해요. 마치 마트 계산대 줄이 너무 길면 계산대 앞에 두 명만 서게 하자는 제안과 비슷합니다. 보이는 것만 바꾼다고 해서 문제가 해결되지 않습니다. 농산물 가격통제와 성별 임금격차 문제를 뒤에서 자세히 살펴보겠습니다.

절대 빈곤에 놓인 저개발 국가를 위한 해외 원조도 마찬가지에요. 많은 비영리단체가 다양한 모금 활동을 벌이고, 많은 식량과 생필품을 빈곤 지역에 보냅니다. 먹을 것이 없으면 먹을거리를 주어서 문제를 해결하려고 합니다. 옷이 없으면 옷을 보내고, 신발이 없으면 신발을 보내고, 깨끗한 물이 없으면 우물을 대신 파줍니다. '희망의 옷', '사랑의 신발', '생명의 우물' 운동이 열심히 펼쳐지지만, 원조를 받는 지역의 처지는 좀처럼 나아지지 않습니다.

점점 더 많은 전문가는 원조로 문제가 악화된다고 지적합니다. 해외 원조가 경제적 자립 활동을 할 인센티브를 빼앗고 공짜로 들어오는 식량과 구호물은 지역 농업과 산업을 무너뜨립니다. 반면 비영리단체 사업은 점점 더 성장합니다. 아이티에서 만 개가 넘는 비영리단체가 활동합니다. 아이티 국민은 자국을 '비영리단체 공화국'이라고 부를 정도예요. 아이러니하게도 경제적 자립을 위해 애쓰는 지역민은 비영리단체와 경쟁해야 합니다. 지역 산업이 공짜 식량과 구호물을 제공하는 비영리단체를 이길 방법은 없습니다. 해외 원조는 경제개발만 막는 것이 아니에요. 시장경제와 함께 자리 잡는 사회 정의와 법질서도 늦추고 있습니다.

경제학자는 좀처럼 낭만적인 미래, 선동적인 문구, 사이다 발언에 현혹되지 않습니다. 균형 개념을 이해하기 때문이에요. 세상을 변화시키고 싶은 사람이 경제학을 꼭 공부하면 좋겠습니다. 좋은 의도가 언제나 좋은 결과를 가져오지 않고, 왜 세상이 쉽게 변하지 않는지 먼저 이해해야 합니다. 더 좋은 세상을 만드는 뜨거운 꿈을 가지세요. 순진하지 않은 냉철한 이성으로 꿈을 꼭 이루기를 응원합니다.

시장, 세상을 균형 있게 보는 눈

오만과 편견을 피하는
확률적 사고

'모차르트 태교'라는 말을 들어본 적이 있나요? 한때 모차르트 음악을 임산부에게 들려주는 태교가 크게 유행했어요. 관련 연구가 저명한 과학 학술지 〈네이처〉에 소개되었기 때문이에요. 실험 참가자에게 10분간 모차르트 음악을 들려주니, 지능검사 점수가 높아졌다는 연구입니다. 하지만 이후 다른 연구자가 반복해서 실험했는데, 모차르트 효과는 존재하지 않는 것으로 나타났습니다.

모차르트 효과를 주장한 연구는 36명의 대학생을 대상으로 한 실험이었어요. 겨우 36명을 통해 얻은 실험 결과라면, 우연히 얻은 결과일 수 있어요. 예를 들어, 36명을 두 그룹으로 나눈 후 한 그룹에게만 발라드와 헤비메탈을 들려주거나, 당근과 햄버거를 먹이고 지능검사를 했다고 생각해보세요. 이렇게 실험하면 헤비메탈을 듣거나 햄버거를 먹은 실험 대상자의 지능검사 점수가 우연히 높을 수 있습니다. 만약 실험 대상자 수를 10명으로, 4명으로, 2명으로 줄이면 우연히 흥미로운 결과가 나올 가능성은 점점 더 높아집니다. 이런 실수를 '성급한 일반화'라고 해요. 몇 번 관찰한 것을 일반적인 결과처럼 생각하는 오류입니다.

면역력에 아주 좋은 약을 먹는다고 합시다. 만약 다음 날 감기에 걸리면 약 효과는 없을까요? 반대로 감기에 걸리지 않으면 약 효과는 있을까요? 두 가지 주장을 모두 들어보거나 직접 해본 적이 있을 거예요. 사람들은 흔히 자신의 경험치 몇 개로 쉽게 결론 내립니다. 이것은 성급한 일반화의 실수입니다.

다른 사고 오류도 존재합니다. 집단 특성을 개인에게 투사하는 '성급한 특수화'입니다. 흑인 평균 범죄율이 높다고 해서 길거리에서 마주친 흑인이 범죄자라고 생각하는 실수입니다. 모차르트 효과가 사실이라 해도, 모차르트 음악을 들으면 지능이 모두 올라간다고 생각하는 실수입니다.

경제학은 통계학적 증거와 분석을 통해 대답합니다. 누가 자신이 먹어보니 약 효과는 틀림없다고 말해요. 경제학자는 그 말에 큰 의미를 부여하지 않아요. 질문에 대답하기 위해서 많은 데이터를 모아 규칙적 패턴을 찾아야 합니다. 게다가 통계적 분석을 통해 효과를 일부 입증해도 경제학자는 약이 당신에게 분명히 작용한다고 단언하지 않습니다. 성급한 특수화의 실수를 하지 않기 위해서입니다. 어느 정도 약 효과가 나타난다고 해서, 예외 없이 모두에게 약 효과가 있는 것은 아니니까요.

성급한 일반화가 오만에 가깝다면, 성급한 특수화는 편견에 가까워요. 오만과 편견이라는 사고 오류는 불확실성과 우연성을 인지하는 확률적 사고를 하지 못해서 발생합니다. 불확실성과 우연성을 무시하고, 결정론적 사고를 하는 것이에요. 모차르트 효과 실험에서 본 것처럼 과학자도 확률적 사고에 실패할 때가 있는데, 보통 사람은 확률적 사고를 좀처럼 잘하지 못합니다.

경제 문제에도 확률적 사고를 적용해야 합니다. 누가 한두 개의 사례를 통해 정부개입이 정당하거나 쓸모없다고 주장한다면, 우리는 이 주장에 쉽게 흔들리지 않아야 합니다. 수없는 개인과 조직이 상호작용해서 세상이 복잡해집니다. 이에 더해 불확실성과 우연성은 세상을 더욱 이해하기 어렵게 만든다는 사실을 기억합시다. 쉽고 단순한 답은 거의 없습니다.

경제학이 준수하는 확률적 사고는 일희일비하지 않는 것이라 할 수 있어요. 재미있고 영향력 있는 하나의 이야기를 조심해야 해요. 우리는 인상적 이야기에 너무 쉽게 빨려들고 다른 가능성을 무시한 채 성급한 결론으로 뛰어들려고 해요.

와튼 스쿨 교수이자 《오리지널스》 저자인 애덤 그랜트는 창조적인 사람의 특징을 말할 때 첫 번째로 '게으름'을 꼽습니다. 그러면 '창조적인 사람은 게으르다고 나타나'라는 제목을 단 신문 기사가 등장합니다. 이것을 본 사람은 "게으른 내가 창의적인 이유", "내가 게으른 이유가 다 있어"와 같은 댓글을 많이 달아요. 이 반응에 익숙하지 않나요? '잘 생긴 남성일수록 취업과 사회생활에 불이익을 받을 수 있다', '예쁜 여성이 화를 더 잘 낸다'와 같은 연구 결과를 보면, "내가 고생하고 있는 이유가", "내가 화를 잘 내는 이유가"와 같은 댓글을 쉽게 볼 수 있습니다.

누가 건강검진에서 특이 질병에 양성 반응을 받았다고 합시다. 생존율이 낮은 무서운 질병이에요. 진단이 얼마나 정확한지 묻자, 의사는 99% 정확도라고 답했습니다. 99% 정확도란 실제로 질병이 있는 100명이 검사를 받으면 99명이 양성 반응을 얻고, 반대로 질병이 없는 100명이 검사를 받으면 99명이 음성 반응을 얻는 것을 의미합니다. 검사 정확도가 매우 높기 때문에 대부분 사람은 질병에 걸렸다고 판단하고 실의에 빠져요. 아마 99%의 확률로 질병에 걸린다고 생각하겠죠. 하지만 통계학 기초 개념을 이해하면 아직 낙담하기 이릅니다. 양성 반응을 얻었어도, 정말로 질병에 걸릴 확률이 현저히 낮을 수 있기 때문입니다.

특이 질병을 가진 사람이 10만 명 중 100명이라고 합시다. 나머지 9만 9,900명은 병에 걸리지 않았습니다. 즉 질병이 있는 사람의 비율은 0.1%입니다. 이를 '기저 확률'이라고 부릅니다. 10만 명이 99% 정확도를 보이는 검사를 받으면 어떤 결과가 나올까요? 질병이 실제로 있는 100명 중 99명이 양성 판정을 받습니다. 반면 질병이 없는 9만 9,900명 중 1%, 즉 999명도 양성 판정을 받습니다.

따라서 건강검진에서 양성 판정을 받은 사람은 총 99 + 999 = 1,098명입니다. 양성 판정을 받았다고 해도, 정말 질병이 있는 99명 중 한 명인지, 질병이 없는 999명 중 한 명인지 아직 알지 못합니다. 그렇다면 양성 진단을 받은 사람 중 진짜 질병이 있을 확률은 얼마일까요? (99/1,098) = 9.01% 정도에 불과합니다. 놀랍지 않나요? 99% 정확도가 있는 검사 결과인데, 양성 반응을 받고도 실제 질병이 있을 확률은 겨우 9% 정도입니다.

99%의 확률로 질병에 걸린다고 오해하는 이유가 무엇일까요? 기저 확률이 0.1%로 낮다는 사실을 무시하기 때문입니다. 다시 말하면 질병이 없는 사람 중에서 양성 판정을 받는 사람도 많을 수밖에 없는데, 이것을 무시하는 거예요. 기저 확률을 무시하면 다른 가능성을 인지하지 못하는 사고 오류에 빠지게 됩니다. '기저 확률 무시'라는 확률적 사고의 실패는 자기 중심성에서 비롯된다고 생각

해요.

'게으른 나도 창조적이겠구나'라는 생각은 양성 판정을 받고, 병에 걸린다고 생각하는 오류와 똑같습니다. 주변의 게으른 사람을 둘러보세요. 창조적이지 않은 사람이 대부분이에요. 창조적인 사람은 실제로 극소수라는 사실, 즉 기저 확률이 매우 낮다는 사실을 기억해야 합니다. 창조적인 사람 중 심지어 99%가 게으르다 해도, 창조적인 사람의 비율이 0.1%라면, 게으른 사람이 창조적일 확률은 앞처럼 9.01%입니다. 따라서 애덤 그랜트 교수가 한 말을 '게으른 나는 창조적일 가능성이 크다'고 해석하면 안 됩니다.

"늘 갈망하라. 늘 우직하라Stay hungry. Stay foolish." 2005년 스탠퍼드대학교 졸업식에서 스티브 잡스의 축사는 이렇게 끝을 맺습니다. 이 말은 교회 설교, 멘토 상담, 스타 강사의 이야기에서 수없이 인용되고 있어요. 많은 사람이 감명을 받고 도전 의식을 불태웁니다. 하지만 이것도 기저 확률을 무시하기는 마찬가지입니다.

이것은 세계에서 가장 좋은 대학을 나온 사람에게 필요한 조언입니다. 가장 똑똑할 뿐만 아니라 이미 스탠퍼드대 졸업장이라는 안전장치를 가지고 있으니 스티브 잡스의 말에 더 귀기울이면 좋겠지요. 혁신을 위해서 위험을 무릅써야 하고, 우직하게 자신의 길을 가야 합니다. 월스트리트 금융가가 제시하는 단기적인 높은 연봉을 선택하기보다 정부, 시민단체, 스타트업 등에서 다양한 사회적, 기술적 혁신을 일으켜야 합니다.

하지만 대다수 사람은 잡스의 조언을 의심해야 해요. 혁신적 기술과 아이디어를 가지고 새로운 길을 개척할 수 있는 사람은 정말 소수이기 때문이에요. 잡스의 조언을 인용하며 우리를 기만하려는 다른 사람의 의도를 꿰뚫어봐야 합니다. 그들은 "내가 해봐서 아는데" 또는 "스티브 잡스가 해봐서 아는데"라고 즐겨 말합니다. 좀처럼 사회구조를 직시하지 않고, 모든 책임을 개인의 노력으로 돌립니다.

하나의 이야기에 바탕한 주장, 자신의 경험과 주변에서 들은 내용으로 이루어진 대화와 글은 비슷한 오류에 빠지기 쉽습니다. 하나의 이야기는 마치 양성 진단을 받는 것과 같아요. 이야기의 신빙성이 높다고 해도, 그것만으로 이야기가 통계적 진실이라고 할 수 없습니다. 하나의 이야기에 집중하면 기저 확률을 무시합니다. 흥미롭고 감동적인 이야기를 들으면 더 그렇습니다. 흥미롭지 않고 감동적이지 않은 이야기가 충분히 많다는 사실을 기억해야 합니다.

상관관계와
인과관계의 차이

1970~1980년대, 미국 범죄율은 멈출 줄 모르고 상승했어요. 미디어는 이러다가 미국이 범죄로 망하거나, 모든 대도시가 범죄 도시로 변한다는 우울한 경고를 쏟아냈습니다. 하지만 1990년대에 이르자 범죄율이 예상과 달리 가파르게 떨어졌습니다. 미디어는 범죄율이 감소한 이유를 다양하게 제시했습니다. 경찰력 증대, 적극적인 사형 처벌, 범죄 예방 캠페인, 총기 규제 등과 같은 정책이 중요한 요인으로 꼽혔습니다.

사람들은 순차적으로 일어난 두 가지 사건을 원인과 결과로 이해하려는 인지 편향이 있습니다. 경찰 인력이 증가하고 범죄율이 감

시장, 세상을 균형 있게 보는 눈

소하는 것을 관찰하면, 대체로 사람들은 둘을 인과관계로 이해합니다. 하지만 경제학자의 통계적 분석에 따르면, 범죄와 맞서기 위한 어떤 정책도 범죄율 감소에 두드러진 영향을 미치지 않았습니다.

다음 질문에 빨리 대답하세요. 아이스크림 판매량이 많을수록, 물놀이 사망자가 많다고 나타났어요. 그렇다면 아이스크림 소비가 물놀이를 위험하게 만들기 때문인가요? 대형마트 매장이 빨강일 때, 판매량이 급증한다고 나타났어요. 그렇다면 매장 색깔을 빨강으로 바꾸면 돈을 더 많이 벌 수 있을까요? 과외를 더 많이 받는 학생일수록 성적이 더 낮다고 나타났어요. 그렇다면 과외를 받지 않는 것이 더 좋을까요? 여성이 기업 경영자일 때 이윤과 주가가 낮다고 나타났어요. 아무래도 여성이 남성보다 기업 경영을 잘 못하는 것일까요?

이 질문은 상관관계와 인과관계를 왜 구분해야 하는지 가르쳐줍니다. 아이스크림 판매량과 물놀이 사망자 수는 함께 증가하고 함께 감소하는 상관관계를 보입니다. 그렇다고 해서 아이스크림 판매량이 늘면 물놀이 사망자 수가 증가한다고 결론지어서는 안 됩니다. 날씨가 더운 여름에 아이스크림 소비가 늘어납니다. 아이스크림 소비와 상관없이 물놀이 사고도 여름에 많이 일어납니다. 즉 공통 원인인 날씨가 아이스크림 소비와 물놀이 사고의 상관관계를 낳습니다. 둘 사이 인과관계는 존재하지 않습니다. 매장 장식 색깔과

판매량도 마찬가지입니다. 크리스마스 시즌이 되면 빨간색 장식을 많이 하고, 동시에 쇼핑도 증가합니다.

과외와 성적이 상관관계를 보이는 이유는 거꾸로 된 인과관계 때문이에요. 성적이 낮은 학생일수록 과외를 더 많이 받기 때문이지요. 여성이 기업을 경영할 때 기업 성과가 낮은 것도 혹시 거꾸로 된 인과관계일까요? 연구자는 여성이 경영자로 임명되는 시점을 살펴보았어요. 기업 성과가 이미 좋지 않을 때 여성이 경영진으로 임명된다고 나타났습니다. 이를 '유리절벽' 현상이라고 불러요. 여성이 고위직에 진출하기 어려운 상황을 '유리천장'이라 부르고, 실패할 수밖에 없는 상황에서 여성을 고위직에 선발하는 것을 '유리절벽'이라 부릅니다.

보이는 것이 대부분 상관관계라는 사실을 기억하세요. 보이는 것을 통해서만 추론하고 결론을 내리면 틀릴 때가 많습니다. 보이는 것을 있는 그대로 받아들이지 않고, 반사실적 사고를 통해 합리적인 의심을 해야 합니다. 반사실적 사고란 "만약 그렇지 않다면 어떻게 되었을까?", "또 다른 원인이 동시에 작동하지 않는가?"라는 질문을 던지는 것이에요.

정부가 작년에 세금을 줄이자 오히려 올해 세금 수입이 늘었다고 합시다. 어떤 국회의원이 이 결과를 두고 감세가 세금 수입을 늘

시장, 세상을 균형 있게 보는 눈

린다고 주장해요. 여러분은 고개를 끄덕일까요? 감세와 조세 수익 증가는 아직 상관관계입니다. 인과관계인지 따지기 위해서 '만약 감세가 없다면 세금 수입이 어떻게 변할까', '다른 숨은 요인이 상관관계를 만들지 않았는가'라고 질문해야 합니다. 지난해 경제가 너무 좋아서 자연스럽게 세금 수입이 늘어날 수도 있어요.

예를 들어 설명하겠습니다. 가상 국가로 동조선과 서조선이 있다고 할게요. 동조선의 작년 조세 수익이 1조 원입니다. 동조선은 올해 초에 세금을 줄였고, 오히려 조세 수익이 1조 1천억 원으로 증가했어요. 동조선 정치인은 감세가 세금 수입을 증가시킨다고 주장하기 시작했어요. 동조선과 서조선은 모든 면에서 완전히 똑같아요. 한 가지만 다릅니다. 올해 서조선은 감세하지 않았고, 조세 수익이 1조 2천억 원입니다.

동조선과 서조선을 비교해서 어떤 결론을 내릴 수 있을까요? 동조선에서 올해 경제 호황 때문에 조세 수익이 원래 2천억 원 증가할 수 있었습니다. 하지만 감세 때문에 조세 수익이 1천억 원 줄었습니다. 동조선이 올해 1조 1천억 원의 조세 수익을 얻은 이유입니다. 동조선에 사는 우리는 감세 후 조세 수익이 작년보다 1천억 원 증가한 사실만 관찰합니다. 이 사실은 아직 상관관계이에요. 인과관계인 감세 효과를 확인하기 위해서 반사실적 질문을 던져야 해요. '만약 감세가 안 이루어졌다면 조세 수익이 얼마일까'를 물어야 합니다. 즉 서조선 경우와 비교해야 합니다.

상관관계가 인과관계를 의미하지 않는다는 사실을 이해하면, 이제 그래프 하나도 순진하게 보면 안 된다고 깨닫습니다. 작년과 올해 세금 수입 변화를 보여주는 우상향 직선을 생각해보세요. 누가 이것을 보여주면서, 감세가 세금 수입을 증가시킨다는 명백한 증거라고 말해요. 이제 여러분은 손을 번쩍 들어야 해요. 어떤 질문을 던져야 하는지 알겠죠?

지금까지 한 나라의 감세 정책을 이야기했어요. 여러 나라의 감세 정책 효과를 비교해서 평가하는 것은 어떻게 다를까요? 감세 정책을 펼친 여러 나라와 감세 정책을 펼치지 않은 여러 나라의 세금 수입 증가 여부를 비교하니, 세금을 낮춘 나라의 세금 수입은 전체적으로 증가한 반면 세금을 낮추지 않은 나라의 세금 수입은 큰 변화가 없다고 합니다. 그렇다면 이것은 감세 정책이 세금 수입을 늘린다는 증거가 되나요?

여러 나라 경우를 살펴봐도 본질은 달라지지 않아요. 인과관계를 판단하기 위해서 '무작위 통제실험'을 상상하는 것이 도움이 됩니다. 새로운 약품의 효능을 정확하게 판단하기 위해서는 실험대상자를 두 집단으로 나누고, 실험집단에게만 약품을 투여하고 통제집단에게 약품을 투여하지 않습니다. 이때 실험집단과 통제집단을 구분하는 방식이 무작위로 이루어져야 해요. 만약 실험집단에 건강한

시장, 세상을 균형 있게 보는 눈

사람이 많고 통제집단에 건강하지 않은 사람이 많다면, 두 집단에서 나타나는 차이가 순전히 약품 효능이라 할 수 없잖아요. 무작위 구분은 결과에 영향을 미칠 수 있는 다른 여러 요인을 통제하고, 두 집단에서 나타나는 실험 결과가 오로지 약품 투여 여부로 차이 나게 만듭니다.

그렇다면 세금을 낮춘 한 그룹과 그렇지 않은 그룹을 그 상태 그대로 비교하는 것은 무엇이 문제일까요? 두 그룹이 무작위로 선택되지 않는다는 것이에요. 경제가 빠르게 성장하는 나라들이 감세 정책을 도입하고, 그렇지 않은 나라들이 감세 정책을 도입하지 않았다고 합시다. 이것은 마치 건강한 사람들에게 약을 투여하고 건강하지 않은 사람들에게 약을 투여하지 않은 후, 두 집단을 비교하는 것과 마찬가지입니다. 감세효과를 판단하기 위해서는 무작위로 선택된 한 그룹의 나라에서는 세금을 낮추고, 역시 무작위로 선택된 다른 그룹의 나라에서는 세금을 높여야 합니다. 무작위로 선택했기 때문에 감세 말고는 세금 수입에 미치는 다른 요소가 잘 통제되었다고 할 수 있어요. 이 상황에서 두 그룹에서 나타난 세금 수입의 변화 차이를 분석하면 인과관계를 판단할 수 있습니다.

이제 앞에서 소개한 미국 범죄율 문제를 더 잘 이해할 수 있습니다. 범죄율이 너무 높기 때문에 경찰 인력을 늘렸습니다. 이를 두고 범죄율과 경찰 인력이 동시에 증가했으므로, 경찰이 많을수록 범죄가 많이 일어난다고 해석하면 안 됩니다. 또한 경찰 인력이 증가한 후 범죄율이 크게 감소했다고 해서, 이를 무조건 원인과 결과로 생각할 수 없습니다. 또 다른 숨은 요인이 있을 수 있기 때문이에요.

경제학자의 연구에 따르면, 실상 범죄율 감소를 설명하는 가장 중요한 요인은 1973년 연방대법원 판결이에요. 낙태 합법화를 결정한 '로 대 웨이드 판결'입니다. 원치 않는 아이를 출산하는 것이 잠재적 범죄자로 이어지는데, 낙태가 그 연결 고리를 끊는 역할을 했다고 합니다. 예를 들면 빈곤 지역 미혼모에게 태어난 아이는 나중에 범죄자가 될 확률이 높다고 해요. 낙태 합법화로 범죄자가 될 수 있는 아이가 태어나지 않았다는 설명이에요. 그런데 낙태 합법화와 범죄 감소가 정말 인과관계인지 아직도 논쟁이 남아있어요. 이 논쟁을 이해하기 위해서 조금 어려운 통계학과 경제학을 배워야 합니다.

인과관계와 관련해 하나 더 기억할 것이 있습니다. 앞에서 설명한 균형 개념이 시사하는 것처럼, 사회과학에서 대부분 사건의 원인은 하나보다 여럿입니다. 또 다른 경제학자의 연구에 따르면, 중금속 물질인 납에 대한 규제 강화도 범죄율 감소에 큰 영향을 미쳤다고 합니다. 어린 시절에 잦은 납 노출은 건강과 지능과 행동에 심각하게 나쁜 영향을 주고, 범죄 증가로 이어진다고 해요.

이 연구들에 따르면, 낙태 합법화와 납에 대한 규제 강화가 1990년대 범죄율 감소에 큰 영향을 준 것으로 판단됩니다. 이처럼 원인과 결과는 일대일의 형태로 이루어지지 않습니다. 여러 요인이 복잡하게 상호작용해서 나타납니다.

시장과 정부의 역할과 관련하여 자주 토론하는 주제는 미국 자본주의와 북유럽 자본주의의 비교입니다. 미국 자본주의는 세금 및 정부개입을 최소화하고 자유시장의 역할을 절대적으로 중요시하는 반면, 북유럽 자본주의는 높은 세금을 바탕으로 정부가 광범위한 사회보장제도를 제공합니다. 과연 어느 것이 더 우월한 시장경제일까요?

토론을 볼 때마다 두 가지 생각을 합니다. 하나는 앞의 설명처럼 한계적 사고가 요구하는 반이분법적 사유입니다. 다른 하나는 상관관계가 반드시 인과관계를 의미하지 않는다는 사유입니다. 다들 한두 가지 사례를 들면서, 어느 방식이 더 우월하다고 말합니다. 예를 들면, 북유럽 자본주의를 지지하는 사람은 충분한 복지가 경제성장의 동력이라고 주장하지만, 미국 자본주의를 지지하는 사람은 낮은 세금이 경제성장의 동력이라고 말합니다. 북유럽 경제성장률이 낮아지면, 퍼주기 복지가 재난을 가져온다는 이야기가 넘처납니다. 미국 경제성장률이 낮아지면, 고삐 풀린 자본주의가 재난을 가져온다는 이야기가 넘쳐납니다. 인과관계가 명확하지 않은 상관관계이에요.

쉬운 대답을 좋아하는 인간의 인지 편향은 한두 가지 사례를 가지고 너무 빨리 결론을 내리고 싶어합니다. 하지만 경제적 사고는 상관관계와 인과관계를 구분하고, 여러 원인이 동시에 작동하거나 상호작용해서 만들어내는 인과관계를 파악할 것을 요구합니다. 복잡한 문제에 단순한 대답은 없습니다.

2장.

시장경제
앞에서 보기

보이지 않는 손이
세상을 만들고 있을까

애덤 스미스라는 이름을 들어본 적이 있나요? 그는 '경제학의 아버지'라 불립니다. 이전에는 경제학이 철학의 한 분야 정도로 여겨졌어요. 1776년 애덤 스미스가 쓴 《국부론》이후 경제학이 독립적인 학문이 되었습니다. 경제학 역사에서 가장 중요한 책으로 손꼽히지만, 경제학 교수라도 다 읽은 사람이 그리 많지 않을 거예요. 저도 그렇고요. 하지만 경제학 수업에서 이 책에 나오는 두 구절을 소개하지 않는 사람은 없을 거예요.

"우리가 저녁 식사를 할 수 있는 것은 푸줏간 주인, 양조업자, 빵

굽는 사람의 호의 때문이 아니라 그들이 자신의 이익을 추구하기 때문이다."

"개인은 일반적으로 공익을 추구하지 않고, 공익에 얼마나 기여하는지 알지 못한다. 개인은 다만 자신의 이익을 추구한다. 다른 많은 경우와 마찬가지로 보이지 않는 손에 이끌려, 자신이 의도하지 않은 목적에 기여한다."

경제학 수업에서 애덤 스미스의 주장을 처음 접한 때가 생생하게 기억납니다. 너무 놀라웠지만 한편으론 거부감도 들었어요. 좀처럼 이해하기 쉽지 않고, 수많은 질문이 떠올랐어요. 자신의 이익을 추구하는 행위가 모여서 세상을 이롭게 할 수 있다고요? 어떻게 사익 추구가 공익을 증진하나요? 사익 추구는 이기적이고 비도덕적인 행위 아닌가요? 모두가 사익을 추구하면 세상이 난장판이 되지 않을까요? 더 많은 사람이 공익을 위해 살아갈 때, 우리 세상이 더 좋아지지 않을까요? 이런 질문이 꼬리에 꼬리를 물고 이어졌습니다.

당시 애덤 스미스의 《국부론》보다 더 설득력 있게 들린 이야기는 《유토피아》를 쓴 토머스 모어의 주장이었어요. 토머스 모어는 애덤 스미스보다 200년 전에 살았는데, 이상적인 사회인 유토피아를 다음과 같이 설명했습니다.

"유토피아에서는 사유재산이 없기 때문에 모두가 공공의 일에 열성을 기울입니다. 유토피아에서는 모든 것이 공동 소유이기 때문에 공동의 창고가 가득 차 있는 한, 아무도 자기가 사유할 물건이 모자랄까 두려워할 필요가 없습니다. 누구나 공정한 분배를 받기 때문에 가난한 사람이나 거지가 없습니다. 무엇 하나 가진 것은 없지만, 누구를 막론하고 부자입니다."

유토피아는 시장경제와 정반대처럼 느껴지지 않나요? 시장경제에서는 사유재산을 바탕으로 사익을 추구하며 살지만, 유토피아에서는 모두가 재산을 공동으로 소유하고 다들 공익을 위해 살아갑니다. 우리가 잘 알고 있는 것처럼, 유토피아 같은 세상을 꿈꾼 공산주의는 실패했습니다. 반면 시장경제는 경제성장을 통해 인류 대부분을 절대 빈곤에서 구원하고, 과거에 상상하지 못한 삶을 누릴 수 있도록 했습니다. 역사의 큰 아이러니라고 하지 않을 수 없어요. 모두가 서로를 위해 살라고 요구한 체제는 실패하고, 모두가 자기 이익을 위해 살 수 있도록 허락한 체제는 성공했습니다. 이러한 아이러니를 어떻게 이해해야 할까요?

또 하나 놀라운 점은 이토록 복잡하고 많은 시장거래가 아무 계

시장, 세상을 균형 있게 보는 눈

획과 통제 없이 잘 이루어진다는 사실이에요. 우리는 가장 간단한 상품조차 누가 어떻게 만드는지 모릅니다. 연필을 생각해볼게요. 나무는 어디서 오나요? 누가 나무를 자르는 톱을 만들까요? 톱을 만들기 위해 철을 생산한 사람은 누구일까요? 연필 흑연은 어디서 올까요? 연필 끝 지우개 고무는 어디서 올까요? 누가 연필을 코팅한 페인트를 만들까요?

앞의 질문은 노벨경제학 수상자인 밀턴 프리드먼의 유명한 강의 일부입니다. 그는 이어서 이렇게 말해요. "다른 언어로 말하고, 다른 종교를 믿고, 만약 만난다면 서로를 미워할지도 모르는 사람이 협력해서 연필을 만듭니다. 자유시장경제는 생산 효율성을 높이고, 세계 시민의 일치와 평화를 촉진합니다."

시장경제란 수요와 공급에 의해 결정되는 시장가격이 경제활동을 이끄는 경제체제입니다. 동네 시장에 가서 잠시 둘러보면 시장경제가 무엇인지 이해할 수 있어요. 물건을 파는 사람과 사는 사람이 가격흥정을 벌이고, 가격이 맞으면 물건을 사고팔고, 그렇지 않으면 거래를 하지 않습니다. 대단할 것 없는 익숙한 장면이지만, 이 장면은 시장경제가 어떻게 작동하는지 이해하는 중요한 통찰을 줍니다.

시장가격보다 더 값싸게 물건을 만드는 생산자는 시장에서 장사를 하고, 시장가격보다 더 높은 가치를 부여하는 소비자는 물건을 삽니다. 반대로 말하면 생산자는 시장가격보다 비효율적이고 경쟁력이 없는 것을 팔지 못하고, 소비자는 시장가격보다 낮은 가치를 가진 것을 사지 않습니다. 여전히 좀 시시한 설명으로 느껴지나요?

다음과 같은 상황을 함께 생각해요. 시장에서 1,000원에 팔리는 그릇을 만드는 공장이 있습니다. 이 공장의 생산 단가는 시장가격보다 높은 1,100원입니다. 경쟁력을 잃은 그릇 공장은 문을 닫아야 하는 처지에 놓입니다. 공장에서 일하는 직원 모두가 직장을 잃고, 주변 상권도 큰 타격을 입을 수밖에 없습니다. 이를 안타깝게 여긴 대통령이 공장을 긴급 방문하고 그릇 하나당 200원을 보조하기로 약속합니다. 다음 날 신문은 공장이 문을 닫지 않기로 결정했다고 알립니다. 신문에 대통령, 공장 사장과 직원, 지역 주민 모두가 환하게 웃는 사진이 실려 있습니다.

이야기는 이렇게 해피엔딩으로 끝날까요? 모든 선택에는 대가가 따릅니다. 보이는 것이 전부가 아니에요. 경쟁력 없는 기업이 정부 도움으로 유지되기에 다른 경쟁기업이 손해를 입습니다. 정부 도움 없이 950원에 그릇을 만들어 천원에 팔던 경쟁기업이 문을 닫아야 하는 상황에 처합니다. 또한 정부 보조금 200원은 공짜가 아닙니다. 국민 세금에서 나온 돈입니다. 이 이야기는 시장이 작동하는 방식을 이해하도록 도와줍니다. 시장이 결정한다는 의미는 효율적인 기업이 시장에서 살아남고 더 많이 팔게 한다는 것이에요. 반면 정부개입은 비효율적인 기업에게 혜택을 준다는 것입니다. '누가 소비해야 하는가'에 대한 결정도 같은 방식으로 이해할 수 있습니다.

앞에서 우리는 시장경제에 대해 중요한 두 가지 질문을 던졌어요. 자기 이익을 추구하는 시장경제가 어떻게 모두의 삶을 풍요롭게 할까요? 너무나 복잡해 보이는 시장경제가 어떻게 스스로 잘 작동할까요? 이 질문을 더 구체적으로 생각하기 위해 학생들과 다음 동영상을 보곤 합니다.

강력한 허리케인이 미국 남부 지역에 심각한 재난 피해를 입혔습니다. 중년 남성 존은 전기가 재난 상황에 처한 사람에게 가장 필요하다고 TV에서 듣습니다. 그는 곧장 대형철물점으로 가서 발전기 19대를 구매했어요. 대여한 트럭에 발전기를 싣고서 1,000km나 떨어진 재난 지역을 향해 떠났습니다. 이틀 동안 운전하여 재난 지역에 도착했고, 존은 구매한 가격보다 훨씬 비싼 가격에 발전기를 팔기 시작했어요. 비록 비싼 가격이었지만 발전기를 애타게 찾던 사람들은 앞다투어 사려고 했습니다. 그런데 마침 이를 본 경찰이 존을 체포했습니다. 재난 상황을 이용해서 폭리를 취했기 때문이에요.

여러분은 존의 이야기를 통해 첫 번째 질문에 답할 수 있나요? 존은 자신 이익을 위해서 재난 지역에 갔지만, 이를 통해서 큰 혜택을 얻은 사람은 바로 발전기가 애타게 필요한 재난 당한 사람이에요. 이처럼 돈을 벌기 위해서 다른 사람이 원하는 것을 생산하고 판매해야 합니다. 시장경제에서 사익 실현은 다른 사람을 만족시킬 때 가능합니다.

마찬가지로 시장이 생산하는 재화 및 서비스의 종류와 수량은 돈을 벌려는 사람이 아니라 이것을 원하는 다른 사람이 결정합니다. 하지만 정부는 재난 상황에서 폭리를 규제했어요. 사실상 재난 상황에서 아무도 발전기를 팔 수 없게 만들었어요. 만약 높은 가격을 받을 수 없다면, 존은 처음부터 발전기를 사서 재난 지역에 오지 않았어요.

존의 이야기는 두 번째 질문에 대답할 수 있게 도와줍니다. 존은 발전기를 높은 가격에 팔 수 있다고 예상해서 트럭을 빌려 먼 길을 운전했습니다. 연필이 만들어지는 과정도 비슷합니다. 시장 참여자는 가격이라는 인센티브에 반응해서 누구는 나무를 베고, 누구는 흑연을 캐고, 누구는 톱을 만들고, 누구는 이 과정을 조정합니다. 훨씬 더 복잡한 상품인 갤럭시와 아이폰이 만들어지는 과정도 크게 다르지 않습니다. 시장가격이 모든 경제활동의 길잡이가 됩니다.

'보이지 않는 손'인 시장가격은 무엇을 얼마만큼 만들고, 어떻게 만들고, 누가 가질지 결정하는 힘이 있습니다. 모두가 자신의 이익을 추구하는 시장경제는 복잡한 정글로 자주 묘사되지만, 매끄러운 협력과 거래가 자발적으로 이루어져요. 칠레 어부가 잡은 연어와 노르웨이 어부가 잡은 고등어가 한국인의 저녁 식탁에 놓입니다. 아프리카 어린이가 스위스에서 개발된 약을 먹고 목숨을 구해요. 중국 청소년이 미국 풋볼과 농구 경기를 관람해요. 여러분이 꼭 사고 싶은 물건을 생각해보세요. 7개 대륙에 흩어져 사는 누가 그것 일부를 만들고 있습니다. 계획경제가 이것을 흉내낼 수 있을까요?

새로운 행성을 발견했다고 상상해봐요. 놀랍게도 이 행성에는 수백만 명의 사람이 이미 살아요. 원시적인 농사를 짓고 들짐승을 잡아서 먹거리를 얻어요. 노벨경제학상을 받은 최고의 경제학자 모두를 이 행성에 보낸다고 합시다. 그들에게 가장 완벽한 형태의 세상을 만들라는 임무를 부여해요. 과연 그들은 어떤 제도와 경제체제를 만들까요?

사실 경제학 석학들은 이와 비슷한 질문을 종종 받습니다. 미디어를 통해서 여러 경제학자의 대답을 들어보았어요. 아무도 자신 있게 대답하지 못했습니다. 자발적 질서로 만들어진 시장경제보다 더 좋은 체제를 떠올리지 못하기 때문이에요. 서로 다른 다양한 능력을 소유한 개인이 각자 이익을 추구하고, '보이지 않는 손'이 이익 추구를 조정하고 협력하기 때문에 우리는 놀라운 혁신과 삶의 질을 누려요. 여러분은 '보이지 않는 손'을 대체할 수 있는 세상을 상상할 수 있나요?

가격통제와 최저임금이
더 좋은 세상을 만들까

잘 작동하는 자유시장에서 모든 거래는 거래 당사자에게 이익이 됩니다. 자유시장이 사회후생을 극대화한다는 말이고, 정부는 자유시장이 결정하는 균형가격을 지켜보면 된다는 말이에요. 하지만 정부는 종종 소비자와 생산자 중 한편을 더 돕고 싶어합니다. 이를 위해 시장가격을 직접 통제합니다. 집값을 잡기 위해 분양가 상한제를 도입하거나, 전기, 가스, 수도세를 직접 규제하는 것은 소비자를 돕기 위한 정책입니다. 반면 쌀 판매가에 목표치를 정해서 농가를 지원하는 것은 생산자를 돕는 정책입니다.

2차 세계대전이 끝난 후 미국 참전 군인이 뉴욕 같은 큰 도시로 돌아왔어요. 그들은 당장 살 집이 필요했습니다. 이에 따라 아파트 수요는 크게 증가하고 아파트 월세는 급상승했습니다. 전쟁에서 돌아온 참전 군인은 높은 월세 때문에 어려움을 느꼈습니다. 정부는 그들을 돕기 위해 월세 상한선을 정했습니다. 예를 들어 당시 뉴욕시 아파트 월세가 100달러라고 가정할게요. 정부가 상한선을 80달러로 정하면 어느 아파트 소유주도 80달러 넘는 월세를 받을 수 없습니다.

세상 문제를 이렇게 쉽고 간단하게 해결할 수 있다면 얼마나 좋을까요? 균형 개념을 이해하지 못하면, 보이는 것이 전부라고 생각하기 쉽다는 것을 기억하나요? 높은 가격이 문제이면 가격만 낮추면 문제를 해결할 수 있다고 생각하기 쉽습니다. 하지만 보이는 가격 뒤에는 무엇이 있나요? 사람은 멍청하지 않고, 세상은 복잡합니다.

정부가 월세를 낮추면 어떤 일이 벌어질까요? 정부가 정한 월세 상한선보다 더 높은 관리유지 비용을 지불해야 하는 아파트 소유주는 더 이상 자신의 아파트를 임대하지 않으려고 할 것입니다. 월 관리비용이 90달러 발생하는 소유주는 월세 100달러를 받으면 자신의 아파트를 임대하지만, 월세가 80달러로 통제되면 더 이상 임대하지 않을 거예요.

반면 강제적으로 내려간 월세 덕분에 아파트를 임대하고 싶은 사람은 늘어납니다. 월세가 싸지니까 방친구와 함께 살던 사람이 따로 살기 시작하거나, 부모 집에 살던 사람이 독립합니다. 이처럼 가격 상한이 균형가격 아래에서 결정되면 공급량은 줄고 수요량은 늘어납니다. 이는 참전 군인에게 무슨 의미일까요? 비록 월세가 낮아졌지만 아파트 구하기는 훨씬 힘들어졌습니다. 월세를 낮추면 참전 군인을 도울 수 있다고 생각했지만, 어떤 참전 군인은 낮아진 월세 때문에 아예 아파트를 구하지 못합니다.

좀 더 극적인 예는 최근 경제 파탄으로 온 국민이 고통을 겪는 베네수엘라입니다. 과거 베네수엘라는 필요한 식량을 스스로 생산할 수 있는 농업 국가였어요. 그럼에도 불구하고 휴고 차베스 정부는 국민이 더 싼 가격에 식료품을 살 수 있게 가격통제를 시작했습니다. 어떤 결과가 나타났을까요? 가격이 싸졌기 때문에 사려는 사람은 더 많지만, 팔려는 사람은 줄었습니다. 슈퍼마켓 판매대에 식료품이 사라지고 농부의 식량 생산량이 줄기 시작했습니다. 농산물을 파는 가격이 생산비용보다 낮아지니까 농부가 더 이상 일하지 않았기 때문이에요.

멍청하지 않은 생산자는 다양한 방식으로 가격상한제를 피해갈 수 있습니다. 월세 상한제 때문에 아파트 소유주가 월세를 올릴 수 없으므로, 관리비나 쓰레기 처리비 등을 대신 올릴지도 몰라요. 제품과 서비스의 품질을 떨어뜨려 대응할 수도 있어요. 실제로 오랜 기간 월세 상한제를 실시한 인도 뭄바이 지역 아파트는 제대로 관리되지 않아 심하게 낡고 위험한 상태에 있습니다. 종종 아파트 붕괴로 많은 사람이 죽고 다치는 일이 뉴스에 납니다.

가격상한제가 낳는 제품과 서비스 부족 현상은 줄서기 비용도 만들어요. 1973년 석유 파동 이후 휘발유 가격이 천정부지로 올라가자 미국 정부는 휘발유 가격을 규제하기 시작했습니다. 가격상한제가 만드는 공급 부족은 어떤 장면을 연출했을까요? 당시 미국 국민은 오랜 시간 줄을 서거나, 미리 예약을 하고 오래 기다려야 자동차에 기름을 넣을 수 있었습니다.

가격상한제는 암시장의 출현도 낳아요. 조금 극단적인 예로 성매매를 생각할 수 있습니다. 성을 사고 파는 일은 불법이잖아요. 어떤 거래를 불법으로 지정하는 일은 가격 상한을 0으로 정하는 것과 같습니다. 성매매가 불법이라고 해서 시장거래가 완전히 사라지는 것은 아닙니다. 불법적인 시장거래, 즉 암시장이 등장합니다. 불법으로 규정된 성매매처럼 극단적이지 않더라도, 가격상한제는 상품과 서비스의 부족 현상을 낳고, 사람들은 이를 해결하기 위해 암시장을 이용합니다.

가격상한제가 소비자를 돕는 목적으로 사용된다면, 가격하한제는 생산자를 돕는 목적으로 사용됩니다. 가격하한제는 높은 가격을

시장, 세상을 균형 있게 보는 눈

받고 싶은 생산자를 위해서 정부가 가격을 어느 정도 이상으로 지지하는 정책입니다. 예를 들면 배추 농사를 하는 농부를 돕기 위해 한 포기 5,000원에 거래되는 배추 가격을 8,000원으로 올립니다. 가격하한제는 가격상한제와 반대로 문제를 낳아요. 이제 공급량은 증가하고 수요량은 감소하기 때문에, 물건이 남아도는 문제가 나타납니다. 가격을 높여 농부를 도우려고 하지만 농산물이 팔리지 않는 문제가 발생해요.

같은 방식으로 최저임금제를 이해할 수 있습니다. 최저임금제는 정부가 노동 가격인 임금의 하한을 정하는 것이에요. 자유시장이 정하는 균형 임금보다 높은 수준에서 최저임금이 결정되면 어떤 일이 벌어질까요? 임금이 높아지니 일하려는 사람 수(노동 공급량)는 늘어납니다. 반면 고용하려는 사람 수(노동 수요량)는 줄어들고요. 결국 최저임금은 실업을 낳고 고용을 감소시키는 문제를 낳을 수 있습니다.

상품과 서비스의 가격상한제는 논쟁이 상당히 벌어지지만, 최저임금제는 논쟁이 훨씬 더 격합니다. 혜택과 손해를 보는 사람의 입장 차이가 선명하고, 양쪽의 삶에 더 크고 직접적인 영향을 미치기 때문입니다. 최저임금을 받고 일하는 노동자의 삶도 힘들고, 최저임금을 주는 소규모 사업장 고용주의 삶도 힘드니까요. 어떤 사람은 최저임금을 을과 을의 싸움이라고 표현합니다.

촛불 혁명 이후 치룬 2017년 대선에서 최저임금은 아주 중요한 주제였습니다. 혹시 어느 후보가 최저임금을 1만 원으로 올리겠다고 약속했는지 기억하나요? 당시 모든 대통령 후보가 자신의 임기 내 최저임금 1만 원 인상을 선거 공약으로 내세웠습니다. 당선된 문재인 정부는 공약에 따라 최저임금을 빠르게 올리기 시작했어요. 2018년 최저임금을 6,470원에서 7,530원으로 인상하고, 다시 2019년에 8,350원으로 인상했습니다. 하지만 같은 공약을 내세운 다른 후보들은 최저임금 인상을 비판하고 나섰습니다. 정치권과 언론과 학계 곳곳에서 비판이 터져나왔어요. 논쟁이 많지만, 핵심은 최저임금 인상이 너무 급격하다는 지적이었습니다. 결국 문재인 대통령은 최저임금 1만원 공약을 사실상 이행하기 힘들다고 말했습니다.

수업에서 최저임금제 효과를 가르치는 날은 강의실이 언제나 후끈합니다. 경제학을 어려워하거나 경제학에 관심이 없는 학생도 최저임금제에 대해 할 말이 많아요. 최저임금제가 어떤 경제정책과 비교해도 자신의 삶과 밀접하게 관련이 있다고 느끼고, 전문가는 아니어도 기본적인 지식을 가지고 있습니다.

반대하는 학생은 최저임금 인상이 작은 사업체에 부담을 주고 노동자의 실업을 야기한다고 지적해요. 상품과 서비스의 가격이 상승해서 인플레이션이 일어난다고 이야기합니다. 반면 찬성하는 학생은 지금 임금 수준으로 인간이 누려야 할 기본적인 생활을 유지할 수 없다고 말합니다. 최저임금 인상은 저임금 노동자 삶의 질을 높이고 가계 소비 증가를 가져와 경제성장에도 도움이 된다고 주장합니다. 노동자가 더욱 열심히 일하고 근무 기간이 늘어난다고 말해요.

언론이 최저임금제를 다루는 방식도 크게 다르지 않아요. 미국진보 매체 MSNBC는 맥도날드에서 일하며 힘겹게 살아가는 미혼모 수잔을 소개합니다. 수잔은 최저임금이 인상되면 아이를 더 좋은 유치원으로 보낼 것이라고 말합니다. 반면 보수 매체 폭스는 자영업자 인터뷰를 보여줍니다. 점포 사장은 아르바이트 직원인 브라이언을 해고할 수밖에 없다고 말합니다.

토론이 잠잠해질 즈음에 양쪽 학생에게 같은 질문을 던집니다. 최저임금 인상이 실업 문제를 야기한다면, 그 수준은 어느 정도일까요? 물가는 어느 정도 상승할까요? 최저임금을 어느 정도 인상하면 저임금 노동자에게 인간적인 삶을 보장할 수 있나요? 최저임금 인상이 경제성장과 노동생산성 향상에 어느 정도 도움이 되나요? 이렇게 질문하는 데는 두 가지 중요한 이유가 있어요. 첫째, 흑백으로 펼쳐진 이분법식 논쟁을 회색의 짙고 옅은 '정도' 문제로 바꾸기 위해서입니다. 둘째, '실증 분석'을 통해 최저임금제를 둘러

싼 장점과 단점을 종합적으로 평가해야 한다는 것을 알려주기 위해서입니다.

경제학자는 수잔과 브라이언의 처지에 놓인 수백만 명의 데이터를 분석해서 답하려고 노력해요. 최저임금이 정말 실업 효과를 낳는지, 그 크기는 어느 정도인지, 물가 상승이 과연 어느 정도 일어나는지, 최저임금이 저임금 노동자에게 어느 정도 도움이 되는지, 노동생산성이 어느 정도 증가하는지 등을 분석합니다. 그렇다면 경제학자는 명확한 답을 찾았을까요?

쉬운 답이 없어요. 많은 최저임금제 연구가 여러가지 다른 결과를 동시에 보여줍니다. 문제를 더 깊이 이해할수록 단순하고 명쾌하게 대답하기 어렵습니다. 반대로 이해가 부족할수록 마치 자기가 다 알고 있는 것처럼 말하기 쉽습니다. 최저임금 인상을 '재앙', '후폭풍', '역습', '부작용'이라고 말하는 신문 칼럼을 볼 때마다 마음이 불편해집니다.

최저임금제 강의를 마칠 즈음 찬반을 다시 물어보곤 합니다. 한쪽을 섣부르게 일방적으로 옹호하거나 비난하는 목소리는 많이 사라집니다. 안심의 한숨을 깊게 내쉽니다.

더 좋은 세상을 만들고 싶은 사람이 종종 가격과 임금을 직접 통제하려고 해요. 다른 정책 도구보다 쉽게 눈에 띄고, 쉽게 통제할 수 있다고 생각하기 때문입니다. 대체로 포퓰리즘은 정부가 가격과 임금에 직접 개입해서 문제를 해결하도록 요구해요. 하지만 대가를 지불하지 않는 정책은 없습니다. 시장균형이 견고할수록 지불하는 대가는 더 큽니다. 베네수엘라처럼 극단적인 정책일수록 더 큰 비용을 낳기 마련입니다.

그렇다고 가격상한제와 최저임금제가 무조건 나쁜 경제정책이고, 정부는 시장가격에 개입해서는 안 된다고 말할 수 없어요. 앞의 설명처럼 실증 분석에 따르면, 최저임금제의 일자리 감소 효과는 불확실하고 노동경제학자 사이에서 논쟁적이니까요. 그 이유는 지금까지 가격통제와 최저임금을 논하면서 빼먹은 중요한 측면과 관련이 있습니다. 바로 '시장이 얼마나 경쟁적인가'입니다. 시장이 충분히 경쟁적일 때, 가격상한제는 재화와 서비스 부족을 낳고, 최저임금제는 실업 증가를 가져옵니다.

만약 소수 기업이 소비자 시장과 노동시장에서 상당한 독점력을 가진다면, 가격상한제와 최저임금제는 재화 부족이나 실업 증가를 야기하지 않아요. 오히려 시장거래는 더욱 증가할 수 있어요. 바로 이 때문에 경제학자가 전통적 자연독점 산업에서 정부 가격규제를 지지합니다. 마찬가지로 오랫동안 임금이 오르지 않는 수요독점 산업에서 최저임금 인상을 지지해요. 이때 최저임금을 을과 을의 싸움이라고 말할 수 없어요.

이제 처음 질문으로 돌아옵시다. 가격통제와 최저임금은 더 좋은 세상을 만들까요? '그렇다'와 '아니다'로 딱 잘라 말할 수 없다는 것을 배웠습니다. 경제학적 사고는 정책이 어떤 조건에서 긍정적 효과와 부정적 효과를 가져오는지 이해하도록 도와줍니다. 실증 분석을 통해 경제 현실을 판단해야 해요.

경제는
어떻게 성장할까

인류 역사에서 신에게 가장 간절하게, 가장 많이 드린 기도는 무엇일까요? 각종 질병으로 죽어가는 아이를 살려 달라고 요청한 부모의 기도 아닐까요? 1600년대에 신생아의 25%는 1살이 되기 전에 죽었어요. 또 다른 25%는 10살이 되기 전에 죽었어요. 가족의 생존을 위해 먹을 것을 구하는 부모의 기도도 간절했을 거예요. 물론 여전히 이런 기도를 하는 사람이 있습니다. 하지만 과거에 비하면 가장 많이 줄어든 기도입니다. 과연 누가 인류의 기도에 응답했을까요?

아이가 아프면 병원에 가고, 가족이 배고프면 마트에서 먹을거리를 살 수 있습니다. 시장경제 덕분에 인류의 간절한 소망이 이루어졌습니다. 시장경제가 인류에게 가져온 혜택은 어마어마합니다. 하지만 시장경제에 감사를 표하는 사람을 만나기 쉽지 않습니다. 신에게, 가족에게, 친구에게 감사를 표하듯 시장경제에게 감사를 표하는 사람을 본 적이 있나요?

"현대 인류가 지상에 처음 출현한 것은 대략 10만 년 전이었다. 이후 9만 9,800년 동안 별다른 일이 없었다."

어느 경제학자가 한 줄로 요약한 인류 역사입니다. 산업혁명 이전에 경제성장은 거의 이루어지지 않았어요. 경제성장이 이루어지지 않았다는 말은 삶의 수준이 거의 변하지 않았다는 말이에요. 만약 우리가 산업혁명 이전 9만 9,800년 중 어느 시점에 태어났다면, 그때가 언제든지 상관없이 삶의 수준은 거의 비슷했을 거예요. 지금 기준으로 정의하면 절대 빈곤 상태이에요. 먹고 자고 입는 기본적 의식주가 쉽지 않고 겨우 생존을 유지하는 삶입니다.

최근 200년 동안 인류의 삶이 달라졌어요. 산업혁명 이후로 음식, 옷, 주택, 교통, 정보, 통신, 의료, 교육, 근로 조건, 엔터테인먼트 등 모든 영역에서 엄청난 변화가 일어났습니다. 일상적으로 누리는 거의 모든 상품과 서비스가 최근 200년 이내에 발명되고 사용되기 시작했어요. 실내 배관, 항생제와 의료 기술, 냉장고와 세탁기와 에어컨 같은 가전 기구, 자동차와 고속도로, 전화, 컴퓨터와 인터넷 등 삶의 변화를 가져온 상품과 서비스를 끝없이 나열할 수 있습니다.

건강 문제만 생각해도 우리가 누리는 혜택은 놀랍습니다. 20세기 평균 수명은 50세에 미치지 못했어요. 지금은 어떤가요? 대부분 선진국에서 평균 수명은 80세를 넘어요. 인류를 두려움에 떨게 했던 콜레라, 폐결핵과 같은 전염병은 거의 사라졌습니다. 태어난 후 1살 이전에 사망하는 비율을 나타내는 유아사망률은 거의 모든 선진국에서 1% 이하로 내려갔습니다.

경제성장률이라는 개념은 이런 변화를 잘 이해하도록 합니다. 경제성장률이란 한 나라에서 생산된 최종 재화와 서비스의 가치를 나타내는 국내총생산GDP의 변화율입니다. 예를 들어, 대한민국 국내총생산이 작년 1조 5천억 달러에서 올해 1조 5천 3백억 달러로 상승하면, 경제성장률은 (1조 5천 3백억 − 1조 5천억)/1조 5천억 =2%입니다.

만약 한 나라가 2%로 매년 성장할 때, 지금보다 두 배 정도 잘살려면 기간이 얼마나 걸릴까요? '72의 법칙'을 사용하면 쉽게 대답할 수 있습니다. 72를 성장률로 나누어 얻는 값이 정답이에요. 즉 경제가 매년 2%로 성장하면, 36(=72/2)년 후에 두 배 더 잘

살게 됩니다. 만약 4%의 경제성장률을 갖는다면 국내총생산은 18(=72/4)년 만에 두 배로 증가합니다.

마치 이자 복리처럼 경제성장률은 기하급수적으로 증가해요. 긴 기간을 생각하면, 기하급수적으로 성장하는 경제성장률의 차이가 얼마나 중요한지 깨달을 수 있습니다. 만약 두 나라가 현재 같은 경제 규모를 가진다고 합시다. 한 나라는 2%로, 다른 나라는 4%로 매년 성장한다고 가정합시다. 이렇게 108년이 흐르면 두 나라의 경제 수준이 얼마나 차이 날지 계산해보세요.

2%로 성장한 나라는 108년 후 현재보다 8배 더 잘살게 됩니다. 72의 법칙에 따라 36년마다 두 배의 경제성장이 이루어지기 때문이에요. 72년이 지나면 두 배의 두 배인 네 배가 되고, 108년이 지나면 네 배의 두 배인 8배가 됩니다. 같은 방법으로 계산하면, 4%로 성장한 나라는 108년 후 64배 더 잘살게 됩니다. 따라서 두 나라를 서로 비교하면, 4%로 성장한 나라가 2%로 성장한 나라보다 108년이 지난 후 8배 더 부자가 됩니다. 2%와 4% 차이가 작아 보이지만, 시간이 흐르면 어마어마한 격차를 만듭니다.

경제성장률을 통해 대한민국 경제성장 역사를 빠르게 살펴볼게요. 1960년경 대한민국 1인당 GDP는 과테말라와 브라질보다 훨씬 낮고, 아이티와 거의 비슷했어요. 그러나 50년이 지난 2010년 1인당 GDP를 비교하면, 과테말라 6,091달러, 브라질 8,324달러, 대한민국 26,609달러입니다. 이것은 바로 경제성장률 차이에서 비롯되었어요. 2010년 기준으로 볼 때, 대한민국은 지난 50년 동안 연평균 5.71%라는 경제성장률을 보였고, 이는 전 세계에서 가장 높은 수준이었어요. 반면 과테말라의 연평균 경제성장률은 1.47%, 브라질의 연평균 경제성장률은 2.45%였습니다.

한편 산업혁명 이전에 세계 연평균 경제성장률이 얼마일까요? 0.02~0.03% 정도로 추정해요. 0.02%의 성장률을 72의 법칙을 적용하면, 3,600년이 지나야 두 배 잘살 수 있습니다. 산업혁명 이전 세상은 대단한 변화가 없었다는 말을 실감합니다.

무엇이 경제를 성장하게 할까요? 경제를 성장하게 하는 세 가지 요소는 자본, 노동, 기술입니다. 지속적인 경제성장을 가능하게 하는 가장 중요한 요소는 기술이에요. 왜냐하면 자본과 노동은 한계적으로 수확이 체감하기 때문입니다. (한계 변화가 감소한다는 뜻을 기억하나요?) 반면 기술은 경제성장률처럼 기하급수적으로 성장하는 성격이 있습니다. 기존 기술을 바탕으로 새로운 기술이 만들어지기 때문이에요.

그렇다면 기술 발전을 가능하게 하는 것은 무엇일까요? 기술 발전의 공을 누구에게 돌릴지 물으면, 대부분 사람은 발명가와 과학자의 이름을 말합니다. 조명을 쓸 수 있는 이유는 토머스 에디슨 때문이고, 자동차를 탈 수 있는 이유는 증기기관을 개발한 토머스 뉴커먼과 이를 개량한 제임스 와트 때문이라고 말합니다. 만약 경제학자에게 같은 질문을 던지면 아마도 다르게 대답할 거예요. 경제학자는 기술 발전이 이루어지는 이유가 시장경제 때문이라고 말합니다.

최초 기술 개발이 실질적인 삶의 혜택으로 이어지기 위해서 수많은 단계를 거쳐야 합니다. 상업화에 이르기 위해서 많은 사람이 참여하여 돈을 벌 수 있어야 해요. 자본주의 시장경제의 진정한 힘은 경쟁을 이용해서 새로운 기술의 가격을 낮추는 것이에요. 가격이 낮아지면서 더 많은 사람이 구매를 하고 혜택을 받을 수 있습니다. 이 과정에서 중요한 것은 개인과 기업이 마음껏 경제활동을 할 수 있는 시장의 존재입니다.

사실 산업혁명 전에도 인류 역사에서 주목할 만한 문명과 기술 발전이 종종 등장했어요. 하지만 이것이 경제성장으로 이어지지 않은 이유는 가격이 충분히 낮아지지 않았기 때문이에요. 시장경제가 없으니 새로운 기술이 유통되지 않고, 재화와 서비스로 만들어져 팔리고 구매되지 않았어요.

1760년 산업혁명이 시작된 후 한참 동안 연평균 경제성장률은 0.3%에 불과했습니다. 산업혁명 이전과 비교하면 0.3%도 대단하지만, 1830년 이후에야 1%로 증가했습니다. 이제 이해하겠지만

0.3%와 1%의 차이는 상당히 큽니다. 즉 산업혁명 기간 새로운 기계가 출현하지만 한동안 효과는 제한적이었어요. 자본주의 시장경제가 발전하면서 가격이 낮아지고, 산업혁명 혜택이 사람들 삶 속으로 들어가자 경제성장이 급격하게 이루어졌습니다.

4차 산업혁명이라는 표현을 많이 들어보았죠? 주로 인공지능과 빅데이터가 가져올 변화를 4차 산업혁명이라 부르는데, 실체가 무엇인지 의견이 좀 분분합니다. 4차 산업혁명의 실체를 분명히 하는 것보다 더 중요한 논쟁이 있어요. 산업혁명이라 이름 붙일 수 있는 '폭발적 경제성장이 다시 있을까'라는 논쟁입니다.

점점 더 많은 경제학자가 과거처럼 경제성장하는 것이 더 이상 불가능하다고 주장합니다. 2차 산업혁명 이후의 기술 개발은 음식, 옷, 주택, 교통, 의료, 근로조건 등 삶을 근본적으로 변화시키고, 모든 영역에서 생산성 증가를 가져왔어요. 반면 컴퓨터, 정보통신, 엔터테인먼트 등으로 요약되는 3차 산업혁명 효과는 2차 산업혁명에 비교하면 미미한 정도입니다. 경제학자 로버트 고든은 인류 역사에서 경제성장이 빠르게 이루어지는 시대가 끝났다고 지적합니다. 과거처럼 일상생활과 생산성을 크게 바꿀 기술 개발은 더 이상 나오지 않고 있어요. 또한 불평등 증가가 경제성장을 둔화시키는 역풍으로 작용해요.

이것은 시장경제를 어떻게 바라보아야 할지 중요한 시사점을 줍니다. 시장경제는 경제성장을 가져왔고, 우리 세대는 어마어마한 혜택을 누리고 있습니다. 그 동안 시장경제가 보여준 성과를 찬양하는 데 인색할 필요가 없어요. 반면 더 이상 과거처럼 경제성장이 가능하지 않은 시대에 지난 성장 전략을 고수할 필요가 있는지 질문해야 합니다.

사실 전통적으로 경제학자는 '선 성장 후 분배' 패러다임에 경도되었어요. 경제성장이 중요하다고 잘 이해했기 때문입니다. 거의 모든 경제학자는 시장이 낳는 문제를 교정하거나 불평등 문제를 개선하는 정책이 경제성장을 해친다고 말했습니다. 하지만 이제는 더 이상 이렇게 대답할 수 없습니다.

어떤 국가가 성공하고
실패할까

수업 시간에 아프리카에서 온 학생에게 모국의 경제 사정을 물어보곤 합니다. 경제 발전이 더딘 이유를 물으면 거의 모두가 첫 번째로 하는 말이 있어요. 다들 정치인과 공무원이 부패했기 때문이라고 답합니다. 뇌물을 주지 않고서 뭐 하나 할 수 있는 일이 없다고 말합니다. 미국 학생에게 왜 아프리카 나라가 가난한지 질문하면 대답은 다릅니다. 가장 흔한 대답은 농사가 어렵고 사람 살기가 쉽지 않다는 지리적 요인을 지적합니다. 아프리카를 생각하면 사막을 떠올리는 것 같아요. 저개발 국가를 다녀온 경험이 있는 학생은 종종 게으르거나 약속을 지키지 않는 문화 요인을 지적해요.

모국 사정을 잘 아는 아프리카 학생이든, 멀리서 관찰한 미국 학생이든 그들의 대답은 손쉬운 관찰에서 나온 상관관계이지, 인과관계가 아닐 가능성이 높아요. 많은 저개발 국가가 공직자 부패 문제를 안고 있어요. 하지만 부패가 저개발의 원인인지, 저개발이 부패의 원인인지, 아니면 부패와 저개발을 만드는 공통 원인이 따로 존재하는지 명확하지 않습니다.

게으름도 마찬가지예요. 저개발 국가를 방문하면 출근을 하지 않고 동네에서 빈둥거리는 사람을 많이 봅니다. 상관관계와 인과관계를 잘 구분하지 못하기 때문에, 아프리카 국민은 게으르기 때문에 가난하게 살아간다고 너무 빨리 결론를 내립니다. 하지만 일자리가 없기 때문에 게으르게 보일 수 있습니다. 부지런하기로 소문난 한국 사람도 예전에 외국인의 눈에 게으르게 보였어요.

부패, 지리적 요인, 문화적 요인이 국가 경제의 성패를 결정하는 주요 요인일까요? 이 질문을 개발경제학자에게 묻는다면 거의 모두가 동의하지 않습니다. 비교할 수 없을 정도로 훨씬 중요한 요인이 있기 때문이에요. 그것은 국가가 얼마나 시장친화적인 제도를 가지는지 여부입니다. 시장친화적인 제도를 가진 국가가 성공하고, 그렇지 않은 국가가 실패했어요. 시장친화적인 제도란 재산권 확립, 계약 및 교환 자유를 보장하는 공정한 법체제, 자유로운 시장진

시장, 세상을 균형 있게 보는 눈

입이 가능한 금융 및 경제 환경을 의미합니다.

경제학 교과서가 드는 대표적인 예는 다름 아닌 남한과 북한입니다. 두 나라는 같은 인종, 언어, 문화를 공유하고 국경을 마주하지만 엄청난 경제적 격차를 보이기 때문이에요. 사실 1970년대 초반까지 북한이 남한보다 경제적으로 좀 더 나았어요. 하지만 지금 북한 경제는 아프리카 저개발국인 예멘, 세네갈, 말리보다 못한 1인당 국민소득을 보입니다.

도대체 무엇이 문제였을까요? 남한이 포용적인 시장경제제도를 선택했으나 북한은 사유재산권, 계약과 교환 자유, 자유로운 시장 진입을 허락하지 않았습니다. 열심히 일해서 돈을 벌고, 저축을 하고, 더 나은 미래를 꿈꿀 인센티브를 빼앗았다는 말과 같아요. 결국 북한 공산주의 경제제도는 국민 다수를 착취하여 일부 계층을 지원하는 결과만 낳았습니다.

미국과 캐나다가 서인도제도와 중남미보다 훨씬 잘 사는 이유도 마찬가지입니다. 북미 지역에서 영국 식민지 정책이 제조업 중심의 포용적 시장제도를 지지했기 때문이에요. 반면 서인도제도와 중남미 지역에서 식민지 경제정책은 전혀 다른 형태로 펼쳐졌습니다. 대중 교육과 사회간접자본 투자는 이루어지지 않았고, 지배층은 자신의 경제적 이익을 위해 금은 채취와 농산물 플랜테이션 같은 착취적 경제제도를 뿌리내렸습니다. 사실 유럽 국가가 아메리카 대륙에 진출하기 이전에는 남미 지역이 북미 지역보다 더 경제적 번영을 누렸어요. 마야, 잉카, 아즈텍과 같은 문명은 지금 멕시코, 과테말라, 페루 지역입니다. 북미와 중남미의 경제 상황이 뒤바뀐 이유는 지리적, 문화적 요인이 아니라 제도적 요인 때문입니다.

중국의 놀라운 발전도 마찬가지예요. 중국이 사유재산권과 자본주의 경제를 받아들인 이후 일어난 변화는 세계 경제사에서 가장 놀라운 사건입니다. 1980년 이전에 중국 전체 인구의 90% 정도가 절대 빈곤 상태로 살았어요. 이제는 1% 미만으로 줄었습니다. 8억 5천 명 이상이 절대 빈곤의 굴레를 벗어났어요.

이토록 어마어마한 변화의 물꼬를 튼 사건이 무엇인지 아세요? 아주 작은 농촌 마을 샤오강입니다. 당시 중국 공산주의 경제는 사유재산을 허락하지 않았어요. 마을 사람은 집단 농장에서 일하고, 모든 수확물은 정부 소유였습니다. 아무도 열심히 일하지 않았습니다. 생산량은 적고, 음식은 언제나 부족했습니다.

샤오강 농부 18명은 이 상황을 벗어나기 위해서 서로 몰래 계약을 체결했습니다. 어떤 계약일까요? 몰래 땅을 구분해서 자기에게 맡겨진 땅만 경작하고, 평소 정부에 납부하는 것보다 더 많이 생산한 수확물을 자기가 소유했습니다. 이것은 당시 반역죄에 해당하는 위험한 공모였습니다. 어떤 일이 벌어졌을까요? 자신이 노동해서 얻은 몫을 직접 소유할 수 있게 되자, 열심히 일하기 시작했어요.

시장, 세상을 균형 있게 보는 눈

한 해 수확량이 지난 5년의 수확량 전체보다 더 많았습니다.

얼마 지나지 않아 공산당 간부가 공모를 눈치챘습니다. 마을 농부가 수확량을 숨기려고 노력했지만, 수확량이 엄청나서 다 감추지 못했습니다. 다행히 개혁적이고 실용적인 덩샤오핑이 실험을 허락했습니다. 그리고 다른 지역이 샤오강 실험을 따라하도록 하는 정책을 펴기 시작했습니다. 이렇게 중국의 변화가 시작되었어요. 샤오강 이야기는 개인 재산권을 보호하는 것이 얼마나 중요한지 생생하게 보여줍니다.

국가 성패를 결정짓는 중요한 요인은 재산권, 계약과 교환의 자유, 자유로운 시장진입과 같은 시장친화적이고 포용적인 제도입니다. 그렇다면 다음 질문을 던지지 않을 수 없습니다. 정부 역할은 개인 재산권과 자유로운 경제활동을 지키는 정도로 최소화되어야 할까요? 언제나 그렇듯 문제는 그렇게 단순하지 않습니다. 포용적인 시장제도를 심고, 유지하고, 발전시키는 것도 다름 아닌 정부 역할입니다.

저개발국에서 정부가 포용적인 시장제도를 확립하고 개발 정책을 만들기 위해 더욱 적극적인 역할을 해야 합니다. 한국, 대만, 일본, 중국은 놀라운 경제성장을 이루어냈지만 다른 아시아 국가는 비슷한 성공을 보여주지 않았습니다. 말레이시아, 인도네시아, 태국, 필리핀 등은 아직까지 경제성장을 뚜렷하게 이루어내지 못했어요. 성공한 동북아 4개국과 실패한 동남아 4개국은 정부가 개발 단계마다 다른 역할을 잘 해냈는가에 따라 차이가 났습니다.

성공한 국가는 공통적으로 정부가 적극적인 역할을 잘 해냈어요. 개발 단계 초기에 농업 생산성을 늘리기 위해 토지개혁을 단행했습니다. 경제가 자립하기 시작하자, 제조업이 성장하도록 수출주도 정책을 펼쳤습니다. 또한 효과적인 산업 육성을 위해 금융시장을 적극적으로 관리했습니다.

이처럼 국가의 성패를 제대로 이해하기 위해서 포용적 시장 제도와 적극적인 정부 역할이 보완적이라는 것을 잘 이해해야 합니다. 대부분 시장과 정부에 대한 토론은 '큰 정부냐, 작은 정부냐'라는 흑백 논리로 이뤄집니다. 이런 협소한 접근은 이해를 왜곡시킵니다. 시장제도를 거스르는 착취적인 정부개입은 성공할 수 없고, 정부가 아무 역할을 하지 않는 자유시장도 성공할 수 없습니다.

노동은 정당하게
평가받고 있을까

자신의 연봉을 스스럼없이 말하는 사람을 가끔 만납니다. 다른 사람의 연봉을 물어보는 사람은 좀 더 자주 만납니다. 진실 게임을 한다면 서로 연봉을 묻는 것이 결코 빠질 수 없는 질문일 거예요.

저도 종종 다른 사람의 연봉이 궁금하지만 물어볼 필요가 없다는 걸 알아요. 시장경제가 결정하는 직업, 직무, 직급에 따른 임금 차이는 거의 투명하기 때문입니다. 아주 정확하게 알 수 없어도 거의 비슷하게 예측할 수 있습니다. 다른 사람의 연봉을 묻는 것은 정말 모르거나 궁금하기보다 비교하고 싶은 욕망이 숨어 있지 않을까라고 생각합니다.

다른 사람이 받는 연봉에 대한 질문보다 우리가 꼭 해야 할 중요한 질문이 있습니다. 왜 직업마다 임금이 천차만별일까요? 대기업 경영자, 연예인, 운동선수 등은 많은 소득을 얻는 반면, 편의점에서 아르바이트를 하는 청년은 최저임금 시급을 받습니다. 하는 일이 너무 달라서 임금 차이도 당연하게 받아들이는지 모르겠어요. 그렇다면 비슷한 업무를 하는 대기업 노동자와 중소기업 노동자의 임금 차이는 왜 나타날까요? 같은 직장에서 비슷한 업무를 담당하지만 정규직과 비정규직 노동자의 임금 차이는 왜 나타날까요? 임금 차이를 질문하기 시작하면, 끝이 없습니다. 자본주의 시장경제는 왜 임금 차이를 낳을까요?

경제학 교과서가 제시하는 대답은 수요공급 이론입니다. 임금은 노동 가격이라 할 수 있고, 노동수요와 노동공급에 의해 결정됩니다. 노동수요와 노동공급은 무엇일까요? 수요는 소비자가 상품 및 서비스에 부여하는 가치이고, 노동수요는 기업과 같은 고용주가 노동에 부여하는 가치입니다. 공급은 상품 및 서비스를 제공하는 생산자의 기회비용이고, 노동공급은 노동을 제공하는 노동자의 기회비용입니다.

균형 임금이 노동수요와 노동공급이 만나서 결정된다는 것은 다음과 같은 의미가 있어요. 첫째, 수요 측면에서 균형 임금은 시장이 평가하는 노동 가치를 반영합니다. 노동자가 하는 일이 얼마나 중요한지 고용주가 평가한 것이에요. 이것을 노동생산성이라고 부르는데 노동생산성이 균형 임금을 결정하는 하나의 축입니다. 노동생산성이 높으면 임금이 높고, 노동생산성이 낮으면 임금이 낮습니다.

삼성전자 회장이 2018년에 243억 8천 1백만 원의 연봉을 받았지만, 가락시장에서 일하는 파 배달인은 하루에 8만원을 받았어요. 두 사람의 임금 차이를 설명하는 가장 큰 요인은 경영자와 파 배달인의 노동생산성 차이입니다. 삼성전자 회장이 파 배달인에 비해서 훨씬 더 중요한 일을 하고 더 많은 가치를 생산한다는 말과 같아요. 미국 대학은 전공마다 교수 연봉에 차이가 있습니다. 공과대학 교수가 철학과 교수보다 많은 연봉을 받는 이유도 같은 방식으로 설명할 수 있어요. 사회가 평가하는 공학 교육과 철학 교육의 가치가 다르기 때문입니다.

둘째, 공급 측면에서 균형 임금은 외부 대안이라는 노동자의 기회비용을 반영합니다. 좋은 외부 대안을 가진 노동자일수록 더 높은 임금을 받는다는 설명이에요. 한국과 달리 미국에서는 같은 회사에 같은 해에 입사하여 같은 부서에서 일하는 직원이라 해도 서로 다른 연봉을 받아요. 많은 직장이 개인과 일대일로 협상하여 연봉을 결정하기 때문이에요. 연봉에 가장 중요한 영향을 미치는 요인은 구직자의 외부 대안입니다. 만약 다른 곳에서 높은 연봉을 제시받으면, 더 높은 협상력을 가질 수 있어요. 그를 채용하고 싶은 회사는 더 높은 연봉을 제시해야 하니까요.

외부 대안이 균형 임금에 영향을 미친다는 사실은 여러 가지 현상을 설명합니다. 미국에서 일하는 집수리공이나 배관공은 저개발국에서 같은 직종에 일하는 사람보다 훨씬 높은 소득을 얻습니다. 한국과 비교해도 마찬가지입니다. 미국이 한국보다 더 잘 살기 때문이에요. 미국의 1인당 국민소득은 한국보다 두 배 가까이 높습니다. 미국 집수리공과 배관공이 다른 직업을 선택해도 평균적으로 두 배 높은 소득을 얻어요.

이제 임금이 수요공급에 의해 결정된다는 의미를 이해할 수 있습니다. 수요 측면에서는 시장이 평가하는 노동 가치, 공급 측면에서는 노동자가 지닌 외부 대안이 상호작용하여 균형 임금을 결정합니다. 노동의 수요공급은 노동자의 임금 차이가 어디서 오는지 잘 설명합니다. 복습을 한다는 의미에서 다음 질문에 답해보세요. 왜 전문 기술직 노동자의 임금이 생산직 노동자의 임금보다 더 높을까요?

첫째, 사회가 부여하는 노동의 가치, 즉 노동이 생산하는 상품과 서비스 가치가 다르기 때문이에요. 자동차 부속품을 만드는 엔지니어가 부속품을 운반하는 배달인보다 더 중요한 일을 한다고 평가해요. 둘째, 배달원보다 엔지니어가 더 좋은 외부 대안을 가지기 때문이에요. 배달원이 되는 것보다 엔지니어가 되는 것이 더욱 어려운 이유입니다.

임금이 노동의 수요공급, 즉 노동가치와 외부 대안에 의해 결정
된다는 말은 우리가 능력주의 사회에서 살고 있다는 말이에요. 자
신의 능력과 생산성에 따라 대우와 보상을 받습니다. 달리 말하면
불공평한 차별, 부당한 반칙, 강제적인 착취가 없다는 의미입니다.
만약 누가 나서서 세상 모든 사람의 임금을 결정하면 어떻게 될까
요? 아마도 차별, 반칙, 착취가 벌어진다는 불만이 여기저기서 터
져나올 것입니다. 반면 시장경제는 서로가 서로의 능력을 평가하는
시스템이기 때문에 정당하다고 생각할 수 있어요. 월급이 통장에
들어오면 미소를 지을 수도 있어요. 정당한 노동의 대가를 받는 것
이니까요.

노동생산성이 오르면 임금이 따라 올라야 해요. 만약 그렇지 않
다면 노동시장이 더 이상 수요공급과 능력주의에 따라 공정하게 작
동하지 않는다는 뜻입니다. 임금이 오르지 않을 뿐만 아니라 분하
고 억울한 일도 많아집니다. 안타깝게도 이러한 일이 곳곳에서 펼
쳐져요. 미국에서 1980년을 전후로 노동자 평균임금과 노동생산성
이 괴리를 보이기 시작했습니다. 노동생산성은 계속 올랐지만, 노
동자 평균임금은 지난 40년 동안 거의 정체되었습니다. 이 때문에
현재 미국 청년은 부모보다 더 낮은 임금을 받는 첫 번째 세대가 된

다고 합니다. 1980년 이전까지 수요공급 이론처럼 노동시장이 잘 작동했지만, 그 이후로 문제가 생겼다는 의미입니다.

공정한 경쟁과 정당한 능력 평가를 압도하는 힘이 작동하고 있어요. 수요공급이 작동하는 이론 세계는 차별, 반칙, 착취가 존재하지 않는 완벽한 세계이지만, 현실은 그렇지 않습니다. 비교적 작은 미국 도시에 월마트가 들어서면 도시 전체 평균임금은 어떻게 변할까요? 월마트 같은 큰 업체가 들어서면 노동수요가 증가하고, 수요공급 이론에 따르면 임금이 높아져야 합니다. 하지만 거꾸로 낮아졌습니다. 월마트 독점력이 공정한 경쟁과 정당한 능력 평가를 바탕으로 하는 시장경제를 무너뜨립니다.

기업 규모에 따른 임금격차, 정규직과 비정규직의 임금격차, 남녀 성별에 따른 임금격차도 마찬가지예요. 노동의 수요공급이 잘 작동하고 공정한 경쟁과 정당한 능력 평가가 이루어지는 시장경제라면 같은 일을 하는데 이렇게 다른 임금을 받을 수 없습니다. 대기업과 중소기업 사이에서, 정규직과 비정규직 사이에서, 남성과 여성 사이에서 부당한 차별, 반칙, 착취가 이루어집니다. 또한 미국처럼 한국 노동자 평균임금과 노동생산성도 세계 금융위기를 겪은 2008년 이후로 서서히 격차를 보이기 시작합니다.

미국에서 남자가 1달러를 벌 때, 여자는 대략 79센트를 번다고

시장, 세상을 균형 있게 보는 눈

알려져 있어요. 21센트 차이는 여성에 대한 차별을 나타낼까요? 이렇게 질문하면 학생 몇 명은 그렇다고 답합니다. 저는 좀 더 구체적인 상황을 만들어서 다시 질문을 던지곤 해요. 왜 종합병원의 성별 임금격차는 다른 직종에 비해서 훨씬 크게 나타날까요? 종합병원에서 여성 차별이 더 심하게 이루어질까요? 이렇게 질문하면 학생들은 제가 말하려는 의도를 조금 눈치챕니다.

병원에서 일하는 평균적인 남성과 평균적인 여성은 같은 일을 하지 않아요. 의사 다수는 남성이고, 간호사 다수는 여성입니다. 성별 임금격차의 상당 부분은 의사와 간호사의 임금격차를 반영합니다. 정당하게 남녀 임금격차를 살펴보기 위해서 같은 직종으로 국한해야 해요. 심지어 같은 직종이라 해도 같은 업무를 담당하고 있는지 살펴볼 필요가 있어요. 예를 들어, 같은 수술 담당 의사라 해도 24시간 언제든지 수술실에 나올 수 있는 사람과 9시에 출근해서 6시에 퇴근하는 사람은 서로 다른 업무를 하는 것이죠.

성별 임금격차를 오랫동안 연구한 하버드대학 경제학과 클라우디아 골딘 교수는 여성이 시간을 유연하게 쓸 수 있는 직종과 직무를 선호한다고 지적합니다. 왜 그럴까요? 가정 내에서 아이와 부모를 돌보는 일을 여성이 주로 담당하기 때문이에요. 만약 시간 유연성이 비슷한 직무만 살펴보면, 남성과 여성의 임금격차는 1달러 대 95센트로 줄어듭니다. 남은 5센트 차이도 남성과 여성이 임금 협상을 하는 차이로 일부 설명할 수 있습니다. 여러 연구에 따르면 남성은 여성에 비해 더 자주, 더 적극적으로 임금 인상을 요구합니다.

심지어 우버 운전자 소득에서도 남녀 차이가 나타납니다. 남성이 1달러를 벌 때, 여성이 93센트를 버는 것으로 나타났어요. 우버 운전은 완전히 같은 업무라고 볼 수 있기 때문에, 여기에서도 남녀 소득 차이가 난다는 사실에 많은 사람이 주목했습니다. 소득 차이는 어디서 왔을까요? 남성과 여성이 일하는 시간대와 운전하는 지역이 다르게 나타났어요. 남성이 더 늦은 밤 시간에 위험한 지역에서 운전하기 때문에 여성에 비해 조금 더 많은 소득을 얻었습니다. 게다가 남성이 여성에 비해 빠른 속도로 운전하고 더 많은 손님을 태우기도 합니다.

결국 성별 임금격차 대부분은 여성이 유연한 업무 시간을 선호하고, 남성보다 덜 경쟁적인 임금 협상과 업무 방식을 선택하기 때문이라고 할 수 있습니다. 그렇다면 남녀 임금격차는 여성에 대한 차별에서 비롯되지 않았다고 결론을 내릴 수 있을까요? 저는 여전히 차별이 존재한다고 판단합니다. 아이와 부모를 돌보는 일을 여성 책임으로 떠넘기는 가정과 사회의 문화에 차별이 존재합니다. 바로 이 때문에 여성이 유연한 업무 시간을 선호하고 상대적으로 적은 임금을 받아요.

한국 성별 임금격차는 OECD 국가에서 가장 크다고 알려져 있습니다. 왜 그럴까요? 이제 그 이유를 더 잘 이해할 수 있습니다. 출산과 임신으로 생긴 여성의 경력 단절이 사회적으로 더욱 심하게 처벌받기 때문입니다. 남성 중심적인 문화가 수요공급의 시장 논리를 압도합니다.

노동 수요공급 이론, 즉 노동가치와 외부 대안이 결정하는 임금 이론의 의미를 잘 이해해야 해요. 임금 차이가 어디서 오는지 잘 설명해 주고, 어느 정도 격차가 타당하거나 부당한지 평가할 수 있게 도와줍니다. 경쟁이 공정하게 작동하는 시장경제는 남녀 임금격차를 줄이고 상대적으로 여성을 지지하는 역할을 합니다.

무역은 모두를
행복하게 할까

"만약 영국에서 철도 레일을 사오면, 우리는 철도 레일을 얻지 만 돈을 잃습니다. 하지만 우리가 직접 철도 레일을 만들면, 철 도 레일도 얻고 돈도 지킬 수 있습니다."

미국이 대륙횡단철도를 건설하던 때, 에이브러햄 링컨 대통령 이 참모에게 한 말입니다. 링컨의 말을 들려준 후, 학생에게 이렇게 질문합니다. "여러분도 링컨의 생각에 동의합니까?" 거의 절반 정 도가 손을 들어 동의한다고 답해요. 손을 든 학생에게 다시 묻습니 다. "등심 스테이크 좋아해요? 프라이드치킨 좋아해요?" 웬 뚱딴지

시장, 세상을 균형 있게 보는 눈

같은 질문일까요?

학생들에게 이렇게 제안합니다. "그렇다면 이제부터 여러분 집 뒤뜰이나 빈 방에서 소와 닭을 키우세요. 여러분이 키운 소와 닭을 잡아서 스테이크를 굽고 치킨을 튀겨 먹을 수 있습니다. 게다가 여러분 돈도 지킬 수 있습니다." 여전히 몇 명은 그렇게 하는 것도 나쁘지 않다고 말합니다.

"세상에 공짜가 없고 모든 선택에 대가가 따른다"고 수없이 말했지만, 어떤 사람은 이 말의 의미를 잘 곱씹어보지 않습니다. 직접 소와 닭을 키우면 공짜인가요? 철도 레일을 직접 만들면 돈이 적게 드나요? 일상적으로 돈을 주고 물건을 사면서도, 링컨의 오류에 빠진 사람이 생각보다 많습니다. 왜 우리가 대부분의 물건과 서비스를 직접 생산하지 않을까요? 직접 생산하는 것보다 다른 사람에게 사는 것이 더 싸기 때문이죠.

또 다른 대통령이 링컨과 비슷한 방식으로 무역을 생각합니다. 트럼프 미국 대통령은 취임식 연설에서 자신의 경제정책을 설명하면서 이렇게 말했어요. "미국에서 만든 물건만 사고, 미국 사람만 고용합시다Buy American, hire American." 이것은 우리 집 뒷마당에서 키우는 소와 닭만 먹겠다는 말과 크게 다르지 않습니다.

더 어려운 질문이 있어요. 심지어 미국이 영국보다 철로를 더 값싸게 잘 만든다고 합시다. 그런데도 영국에서 철로를 수입하는 것이 미국에게 더 좋을까요? 정답은 '그렇다'입니다. 너무나 반직관적인 대답이어서, 이렇게 말하면 학생들은 잘 믿지 않습니다. 이 문제를 이해하기 위해서 복잡한 세상을 자세히 들여다볼 필요가 있어요. 단순한 세상에서는 철로만 생산하고 소비하니까, 미국이 스스로 더 값싸게 만들 수 있는 철로를 영국에서 수입할 필요가 없는 것처럼 보입니다. 하지만 미국과 영국이 철만 생산하는 것은 아니잖아요. 수없이 많은 것을 생산합니다. 복잡한 현실에서는 미국이 영국에서 철로를 수입하고 싶어할 수도 있습니다.

이해를 돕기 위해 간단한 문제를 만들어볼게요. 두 나라가 철로와 밀을 생산한다고 합시다. 철로와 밀은 오직 노동을 통해서 만들어진다고 가정할게요. 미국은 철로 하나를 만드는 데 필요한 노동자 수가 5명, 영국은 10명입니다. 밀 한 톤을 생산하기 위해서 미국은 노동자 1명이 필요하고, 영국은 4명이 필요합니다. 미국은 철로와 밀 모두 영국보다 더 잘 만드는 기술이 있습니다.

각 국가가 철로 1개를 만들기 위해 지불하는 기회비용은 얼마인가요? 철로를 만드는 기회비용은 포기해야 하는 밀 생산량입니다. 미국은 철로 1개를 생산하기 위해서 밀 5톤을 포기해야 합니다. 철로 1개를 만들기 위해서 노동자 5명이 필요한데, 그들이 대신 밀을 생산한다면 밀 5톤을 생산할 수 있기 때문입니다. 영국은 철로 1

　　　　　시장, 세상을 균형 있게 보는 눈

	철로(1 개)	밀(1 톤)
미국	5명	1명
영국	10명	4명

| 철로와 밀을 생산하는 데 필요한 노동자 수

개를 만들기 위해서 밀 2.5톤을 포기해야 합니다.

그렇다면 두 나라 중 어느 나라가 더 낮은 기회비용으로 철로를 만들 수 있나요? 놀랍게도 영국입니다. 철로 1개를 생산하기 위해서 미국은 밀 5톤을 포기하지만, 영국은 밀 2.5톤을 포기하기 때문입니다. 영국이 미국보다 더 싼 가격에 철로를 만들 수 있습니다. 조금 이상하지 않나요? 미국이 영국에 비해 철로를 더 많이 생산할수 있는 기술과 능력을 가졌는데 말이에요.

지금까지 설명한 것은 경제학이 알려주는 '절대우위'와 '비교우위'라는 개념 차이입니다. 절대우위는 "누가 더 적은 자원을 투입해서 생산할 수 있는가"에 대한 대답입니다. 앞의 예에서 미국은 철로와 밀 모두에서 절대우위가 있습니다. 더 적은 노동자로 철로나 밀 같은 양을 생산할 수 있기 때문이에요. 반면 비교우위란 "누가 더 적은 기회비용으로 생산할 수 있는가"에 대한 대답입니다. 철로 생산에 비교우위가 있는 나라는 영국입니다.

미국이 영국보다 철로를 더 많이 만들 수 있음에도 불구하고,

왜 미국이 아니라 영국이 철로 생산에 비교우위를 가질까요? 즉 왜 철로를 더 많이 만들 수 있는 미국이 영국보다 더 높은 기회비용을 지불할까요? 왜냐하면 미국은 영국보다 밀도 더 많이 생산할 수 있는데, 상대적으로 철로보다 밀을 훨씬 더 많이 생산할 수 있기 때문입니다.

비유하자면 이렇습니다. 초등학교 때 손흥민 선수와 함께 축구를 하던 친구가 있다고 합시다. 친구는 지금 초등학교 축구팀 감독이 되었어요. 그런데 손흥민 선수는 친구보다 더 학생들을 잘 가르친다고 합시다. 그렇다면 손흥민 선수는 축구 선수를 그만두고 초등학교 축구팀 감독을 해야 할까요? 아무리 손흥민 선수가 훌륭한 감독 자질이 있다 해도, 손흥민 선수는 감독보다 선수로서 축구를 훨씬 더 잘합니다. 만약 감독이 된다면 포기해야 하는 기회비용이 얼마나 클지 생각해보세요. 마찬가지로 미국이 영국보다 철로를 더 많이 만들 수 있어도 밀을 훨씬 더 많이 만들 수 있기 때문에, 철로 생산에 따른 기회비용은 미국에서 더 크게 나타납니다.

이제 미국, 영국 두 나라에 각각 노동자 100명이 있다고 합시다. 두 나라가 서로 무역을 하지 않는다면, 노동자 50명이 철로를 생산하고 다른 노동자 50명이 밀을 생산합니다. 이때 미국은 철로 10개와 밀 50톤을 생산합니다. 영국은 철로 5개와 밀 12.5톤을 생산합니다. 두 나라의 생산량을 합치면, 철로 15개, 밀 62.5톤을 생산합니다.

　반면 두 나라가 무역을 예상하고, 자신의 자원을 비교우위 분야에 더 투입하는 상황을 생각할게요. 미국에서 노동자 70명이 밀을 생산하고 노동자 30명이 철로를 생산하면, 미국은 밀 70톤과 철로 6개를 생산할 수 있습니다. 영국에서 모든 노동자가 철로를 생산한다고 합시다. 영국은 철로 10개를 생산할 수 있습니다. 이제 두 나라는 모두 철로와 밀을 몇 개 생산할까요? 철로 16개, 밀 70톤입니다. 앞의 경우보다 철로와 밀을 모두 더 생산합니다.

　경제학자가 근본적으로 자유무역을 지지하는 이유가 바로 여기에 있어요. 두 나라가 각자 비교우위를 가지는 상품과 서비스에 전문화하면 전체적으로 더 많은 재화와 서비스를 만들 수 있습니다. 무역은 비교우위와 전문화를 통해 경제적 파이를 더 크게 만들어 나누는 것입니다. 심지어 한 국가가 모든 재화에 절대우위를 가져도 한 나라가 모든 재화에서 더 낮은 기회비용, 즉 비교우위를 가질 수 없습니다. 여전히 무역은 모든 국가에게 도움이 됩니다.

　무역은 흔히 비제로섬 게임이라고 불립니다. 제로섬 게임은 승자와 패자가 항상 존재하지만, 비제로섬 게임은 모두 승자가 될 수 있는 가능성을 내포합니다. 기업과 산업 수준에서 서로 경쟁하고 승자와 패자가 결정되지만, 국가 수준에서 무역은 근본적으로 승자와 승자를 낳는 협력 관계입니다.

과연 다른 나라와 무역을 하지 않고 경제성장을 이루어 잘사는 나라가 있을까요? 무역은 저개발 국가가 경제성장을 이룩하기 위해 필수적인 과정입니다. 한국 사람은 무역이 경제성장에 얼마나 중요한지 누구보다 잘 이해합니다. '아시아의 네 마리 용'이라 불리는 싱가폴, 홍콩, 대만과 함께 대한민국은 무역을 통해 경제성장을 이루었으니까요. 중국 역시 무역을 통해 국민 수억 명을 절대 빈곤에서 구출해냈습니다.

무역은 이토록 좋지만, 어두운 면도 있어요. 저개발 국가에서 흔히 나타나는 노동 착취 공장에 대해 들어본 적이 있나요? 어린 아이가 나이키 축구공을 만들고 벽돌 공장에서 일하는 사진을 본 적이 있나요? 이것은 오래되지 않은 대한민국 모습입니다. 1960~1970년대 청계천 평화시장에서 의류 제조업체의 노동조건은 정말 열악했어요. 햇빛이 들지 않는 두 평 남짓한 공간에서 열 명 넘는 사람이 일했습니다. 대부분 10대 여공이었고, 매일 14시간 넘도록 일했습니다. 혹시 전태일 열사에 대해 들어본 적이 있나요? 전태일 열사는 어린 여공의 노동 여건을 개선하기 위해 노동운동을 하고, 분신까지 선택했어요.

많은 사람은 이 현실을 지적하며, 무역이 저개발국의 값싼 노동력을 착취한다고 주장합니다. 반면 경제학자는 보이는 것이 전부가 아니라고 이해하고 숨은 이면을 직시합니다. 저개발 국가 노동자는

시장, 세상을 균형 있게 보는 눈

과거에 더 열악한 상황에서 살아갔습니다. 오히려 무역 때문에 더 나은 삶을 살 수 있는 기회를 얻었습니다. 만약 착취를 막기 위해 공장 문을 닫는다면, 그들은 아무 소득이 없는 상황으로 다시 돌아가야 합니다. 어떤 아이는 구걸과 매춘으로 내몰립니다. 대부분 나라에서 인권과 노동권은 무역을 통한 경제 발전을 바탕으로 성장합니다. 다시금 상관관계와 인과관계가 다르다는 것을 기억해야 합니다. 무역과 열악한 노동환경이 함께 관찰된다고 해서, 무역이 열악한 노동환경을 낳는다고 섣불리 결론지어서는 안 됩니다.

그렇다고 명백한 노동 착취 현장을 그냥 두고보지 말아야 합니다. 최소한의 인권과 노동권은 경제적 논리에 우선하고, 얼마든지 인권과 노동권이 존중받으면서 경제 발전이 이루어질 수 있어요. 성희롱과 성추행이 벌어지고, 화장실 휴식이 있고, 위생 환경이 제공되지 않는 상황을 경제적 이유로 옹호할 수 없어요. 살인적인 업무 시간과 업무량을 강요할 권리는 아무에게도 없습니다. 기업과 고용주가 부당한 힘을 행사하기 때문에 이런 일이 벌어져요.

저개발국이 직면하는 또 하나의 중요한 장벽이 있습니다. 무역이 경제개발 과정에 필수적이라고 해서, 무조건적인 시장개방이 언제나 바람직한 정책은 아닙니다. 도로와 항만 같은 기본 인프라가 없는 아프리카 국가가 시장을 개방해도 무역이 곧바로 시작되지 않습니다. 오히려 준비되지 않은 시장개방은 개발 초기에 필요한 산업 및 금융정책을 무력화해서 득이 아니라 독이 됩니다.

　무역이 언제나 좋을까요? 국가 전체를 보면 무역이 좋다고 할 수 있어요. 그렇지만 모든 사람이 무역을 통해 혜택을 얻는 것은 아닙니다. 거의 모든 경제정책이 그러하듯이 자유무역 정책은 누구에게는 혜택을 주고 누구에게는 손해를 끼칩니다. 누구의 주머니에 돈을 넣고, 누구의 주머니에서 돈을 빼간다는 말이에요.

　미국과 한국이 자유무역협정FTA을 체결했을 때, 한국 농민은 농산물 수입을 반대하기 위해 연일 시위를 했습니다. 미국에서는 자동차산업 노동조합이 반대 성명을 발표했습니다. 수입을 통해 값싸게 물건을 살 수 있는 양국 소비자와 경쟁력을 갖춘 산업은 혜택을 보지만, 국제 경쟁에서 밀리는 사람은 피해를 볼 수밖에 없어요. 반대로 관세와 같은 무역 장벽은 무역으로 손해를 보는 사람을 보호하는 역할을 합니다. 수입 농산물에 관세를 붙이면, 국내 농산물이 좀 더 팔릴 수 있습니다. 하지만 소비자가 값싼 농산물을 구매해서 누리는 혜택 역시 줄어듭니다.

　이제 전통적으로 대다수 경제학자가 자유무역을 지지하는 이유를 이해할 수 있습니다. '최대다수의 최대행복'과 비슷한 방식으로 정책을 판단하는 경제학은 총혜택과 총손실을 비교합니다. 자유무역이 주는 총혜택이 총손실보다 언제나 크고, 반대로 보호무역이 낳는 손해 증가가 혜택 증가보다 크기 때문이에요.

간단하게 숫자를 이용해서 설명하겠습니다. 만 명이 살아가는 마을이 자유무역을 하면, 9,000명이 각각 만 원 혜택을 얻고, 10명은 각각 100만 원 손실을 입는다고 합시다. 최대다수의 최대행복으로 접근하면 총혜택과 총손실을 비교합니다. 총혜택은 9,000만 원, 총손실은 1,000만 원이기 때문에 자유무역이 좋다고 말합니다. 만약 100만 원 손실을 입는 사람을 보호하기 위한 정책을 사용하면, 10명 손실이 각각 50만 원으로 줄어들고, 9,000명 혜택도 각각 9천 원으로 줄어든다고 할게요. 이때 보호무역은 10명에게 총 500만 원 혜택을 주기 위해 9,000명에게서 총 900만 원을 뺏는 것입니다.

경제학 교과서가 무역을 가르치는 방식과 결론은 이렇게 간단합니다. 어느 경우에나 자유무역이 좋다고 할 수 있어요. 하지만 최대다수의 최대행복으로 생각하는 것은 손해를 보는 사람의 삶을 자세히 들여다보지 않는 치명적 실수를 하기 쉽습니다. 앞에서 100만 원 손실로 표현했지만, 현실에서 직장과 삶의 자리를 잃는 큰 아픔이 될 수 있어요.

최근 학계에서 자성의 목소리가 높아요. 총혜택이 총손실보다 크면, 혜택 일부를 손해 본 사람에게 나눠주어 해결할 수 있다고 암묵적으로 가정했지만, 그런 일은 현실에서 잘 나타나지 않았어요. 한 지역에 몰려 있는 공장과 산업이 무너지니까, 다시 직장을 구하거나 이웃과 지역 정부의 도움을 얻는 일은 어려워졌습니다. 무역에서 비롯된 도시 몰락은 예상하지 못한 정치 혼돈과 사회 문제를 낳습니다.

오랫동안 경제학자는 무역에 대해서 마치 분명한 정답을 아는 듯 말해왔어요. 무역은 국경을 넘어서는 시장거래이기 때문에, 자유시장처럼 자유무역이 세상을 더 부유하게 만든다고 생각했습니다. 무역으로 빈곤을 벗어나고 경제성장을 이룬 사례 때문에 정답을 안다는 확신이 더욱 깊어졌습니다.

무역 연구가 더 많이 진행될수록 경제학자는 무역이 어느 경제 문제보다 더 복잡하다고 배웁니다. 자유무역도 대가를 지불하고 있다는 사실을 피할 수 없습니다. 무엇보다 자유무역이라는 균형 뒤에 사람이 있다는 점을 잊지 말아야 해요. 효율적인 자유시장을 위해서 기본 인권을 무시하고, 노동을 착취하고 자유를 빼앗는 상황을 허락할 수 없습니다. 총혜택이 총비용보다 커도 삶의 터전을 잃는 상황을 무시하지 말아야 해요.

3장.

시장경제
뒤에서 보기

독점은 어떻게
시장을 압도하고 지배할까

멀리서 보면 아름답지만 가까이에서 보면 그렇지 않은 것이 있어요. 자본주의 시장경제도 그래요. 시장경제의 속내를 자세히 보면 자본주의의 여러 얼굴을 마주합니다. "악마는 디테일에 있다"는 말을 들어보았나요? 모든 선택의 대가를 확인하는 경제학적 사고방식은 디테일에 숨은 악마까지 확인할 것을 요구합니다.

시장경제의 속내를 들여다보는 일은 수요공급 모델이 가진 중요한 가정과 관련이 깊어요. 수요공급 모델은 시장이 충분히 경쟁적이라는 가정을 바탕으로 합니다. ①진입장벽이 없고, ②생산자와 소비자가 아주 많고, ③재화와 서비스가 충분히 동질적이며,

시장, 세상을 균형 있게 보는 눈

④시장 참여자가 완전한 정보를 가질 때 시장을 완전경쟁적이라고
합니다. 만약 이 조건이 만족되지 않으면 수요와 공급이 가격을 결
정할 수 없습니다. 시장균형이 사회후생을 극대화한다고 말할 수도
없습니다. 우리가 자유시장경제를 좋아하는 이유가 더 이상 타당하
지 않다는 말이에요.

현실에서 여러 주요 시장은 불완전경쟁 시장입니다. 한 개 기업
이 사실상 지배하는 독점이나, 소수 기업이 시장 지배력을 가진 과
점 상황이 흔하게 펼쳐집니다. 다른 경쟁자의 시장진입을 방해하는
진입장벽이 존재하기 때문이에요. 좋은 품질과 기술이 진입장벽이
되기도 하고, 규모 경제와 네트워크 외부성과 같은 산업구조가 진
입장벽이 되기도 합니다. 또한 기업의 반경쟁 행위가 경쟁자가 시
장에 진입하는 것을 방해합니다.

역사적으로 가장 유명한 독점기업은 1600년에 설립된 영국 동
인도 회사입니다. 원래 15년 동안만 인도 무역 독점권을 부여받았
어요. 하지만 정치력을 발휘해서 200년 이상 독점권을 유지했습니
다. 또 다른 유명한 독점기업은 19세기 말에 록펠러가 설립한 스탠
더드오일입니다. 당시 미국에서 석유 생산, 운송, 정제 등을 독차지
한 회사였어요.

100% 시장 점유율을 보이지 않아도, 거의 독점에 가깝거나 월

등한 시장 지배력을 누리는 기업은 많아요. 특히 테크기업의 독점력이 상당합니다. PC 운영체제 시장은 마이크로소프트 윈도우가 오랜 기간 90% 넘는 점유율을 누리고 있습니다. 온라인광고 시장은 구글과 페이스북이 전체의 75%를 차지합니다. 아마존은 미국 온라인 판매 시장의 절반 정도를 차지해요.

독과점시장에서 더 이상 가격이 수요와 공급으로 결정된다고 말할 수 없어요. 수요공급이 존재하기 위한 중요한 조건은 경쟁시장입니다. 독과점시장에서 가격을 결정하는 것은 시장이 아니라 기업이에요. 당연한 이야기이지만 독점기업이 결정하는 가격은 경쟁시장가격보다 훨씬 높습니다. 시장가격과 독점가격의 차이를 간단한 예로 설명할게요. 새로 출시된 애플 아이폰이 399달러에 팔릴 때, 전문가 그룹은 실제 생산비용을 188달러로 추정했습니다. 가격과 생산비용의 차이인 211달러의 프리미엄은 애플의 시장지배력에서 온다고 생각해요. 만약 애플이 완전경쟁시장에 있다면 공급과 수요가 결정하는 경쟁시장가격은 생산비용 188달러에 가까웠을 거예요.

가격이 생산비용에 비해 지나치게 비싸거나 품질이 가격에 비해 너무 나쁘다면, 소수 기업으로 생긴 독과점일 거예요. 유럽이나 한국에서 살다 미국에 처음 온 사람은 상품과 서비스 가격이 높아서 깜짝 놀라요. 항공권 가격, 스마트폰 데이터 요금, 인터넷 케이블

시장, 세상을 균형 있게 보는 눈

요금 등이 그래요. 가격만 비싼 것이 아니라 서비스 질도 유럽이나 한국보다 못하다는 불평이 쏟아집니다. 아니나 다를까 이것은 대표적인 독과점시장입니다.

미국 의료비 및 의약품 가격이 너무나 비싸서 많은 사람이 제때 필요한 치료를 받지 못해서 생명을 위협받거나 죽음에 이릅니다. 여론 조사에 따르면, 미국 국민의 13%인 3천 4백만 명이 비싼 의약품 가격 때문에 최근 5년 내에 가족과 친구를 잃었다고 답했어요. 5천 8백만 명은 지난해 의약품 값을 제때 지불하지 못했다고 대답했습니다. 역시 비싼 가격 뒤에는 독점 문제가 있습니다.

더 높은 가격, 더 낮은 품질을 낳는 독점은 자유시장이 아니에요. 독점은 소비자 자유를 빼앗는 것과 같습니다. 경쟁이 주는 '더 낮은 가격과 더 좋은 품질'이라는 대안을 선택할 수 없게 만들기 때문이에요. 경쟁이 충분하지 않으면 소비자는 독점 상품과 서비스를 받아들일 수밖에 없습니다. 예를 들어 인스타그램에 가입할 때 의무적으로 동의하는 이용약관은 소비자에게 법적으로 불리한 내용이 여럿 있습니다. 내용 일부를 받아들일 수 없다고 합시다. 하지만 이용약관에 동의하지 않으면 인스타그램을 사용할 수 없습니다.

독과점은 우리 삶을 팍팍하게 만들어요. 더 높은 가격, 더 낮은 품질을 어쩔 수 없이 받아들여야 하니까요. 만약 미국 주요 산업이 유럽만큼 경쟁적이라면 중산층 가구는 5,000달러 정도 돈을 절약

할 수 있어요. 그런데 과연 대중이 독과점에 따른 손실을 세금에 따른 손실만큼이나 심각하게 받아들이는지 조금 의문입니다. 보통 세금 인상에는 강하게 반대하지만, 독과점을 만드는 정책에는 무심해요. 보이는 것이 전부라고 착각하기 때문이에요. 세금은 자신의 주머니에서 나가는 돈이어서 쉽게 볼 수 있지만, 독과점을 만드는 정부 정책은 그렇지 않으니까요.

독점은 시장가격을 높이고 거래량을 줄입니다. 독점은 사회적으로 나쁘다고 말할 수 있어요. 그렇다면 독점을 불법으로 여겨 금지하거나, 독점기업을 분리해야 할까요? 미국에 반독점법이 있고, 우리나라에 독점 규제 및 공정거래법이 있지만, 독점 자체를 불법으로 규정하거나 독점기업의 분리를 명령하지 않아요. 왜 그럴까요? 소비자가 상품과 서비스를 너무 좋아해서 독점이 나타날 수 있기 때문이에요. 더 좋은 품질과 기술은 소비자에게 혜택을 주는 것인데, 잘한 일을 처벌하는 것은 비효율적이고 부당하니까요. 독점은 소비자 선택에 따른 자연스러운 경쟁의 결과일 수도 있어요.

기술 개발과 혁신을 위해서 일부러 독점권이라는 인센티브를 제공합니다. 특허제도가 바로 그 역할을 합니다. 특허제도는 정부가 나서서 기업에게 독점권을 주는 정책입니다. 왜 독점권을 줄까요? 기술 개발 비용은 크지만, 누구나 쉽게 기술을 모방할 수 있다

시장, 세상을 균형 있게 보는 눈

고 합시다. 모두가 생산에 뛰어들고 경쟁하기 때문에 낮은 가격이라는 혜택을 누리는 장점이 있습니다. 하지만 문제는 애초에 아무도 개발하지 않는다는 것이에요. 많은 노력과 비용을 들여도 결실을 가질 수 없으니까요.

특허제도는 독점이라는 보상을 통해 기술 개발과 혁신 경쟁을 유도합니다. 특허제도에서 양면의 모습을 발견합니다. 독점은 나쁘지만 혁신을 위해 어쩔 수 없이 허락하는 필요악이에요. 결국 비용과 편익 사이 최적 균형을 찾기 위해 특허제도는 일정 기간 독점권을 허용합니다.

독점 자체는 불법이 아니지만 독점력을 남용하는 것은 명백한 불법입니다. 미국 반독점법과 우리나라 공정거래법의 관심이 바로 독점력 남용입니다. 가장 엄격하게 다루는 반독점법 쟁점은 경쟁기업 사이에 생기는 담합이에요. 경쟁기업이 가격이나 거래 조건을 공동으로 결정하는 것, 거래 지역을 나누어 갖는 것, 입찰이나 경매에서 공모하는 것 등을 담합이라고 합니다. 담합은 전혀 긍정적 효과를 동반하지 않고, 오직 기업 이익을 위해 소비자에게 피해를 주는 행위입니다.

반면 합병, 수직 통합, 끼워 팔기, 재판매가격 유지 등과 같은 행위는 효율성 제고 효과와 소비자 피해를 동시에 가져올 수 있어요.

시장 상황에 따라 달라지는 비용과 편익을 비교하고, 사안마다 다르게 평가합니다. 뒤집어 말하면 다양한 반경쟁 행위는 천사의 얼굴로 나타나기 쉬워요. 마트에 가득 있는 다양한 브랜드가 알고 보니 같은 기업 상품인 경우가 많아요. 이것은 독점기업이 브랜드 확장을 통해 경쟁기업의 진입을 막는 행위입니다. 공짜로 끼워 파는 것도 반경쟁 효과를 낳을 수 있어요. 일반적으로 낮은 가격이 소비자에게 좋지만, 약탈적인 목적의 낮은 가격은 전혀 다른 결과를 가져옵니다. 경쟁기업을 퇴출하고 오랜 기간 막강한 독점력을 행사하기 때문이에요.

앞에서 소개한 특허제도도 독점기업이 여러 방식으로 오용합니다. 특허제도란 혁신을 향한 인센티브를 주기 위해 일정 기간 특허 독점권을 주는 겁니다. 하지만 독점기업은 기존 특허를 조금 수정하여 손쉽게 특허기간을 연장해요. 특허기간이 만료되면 경쟁기업도 자유롭게 같은 상품을 생산하지만, 독점기업은 종종 경쟁기업에게 돈을 주고 만료된 특허를 사용하지 못하게 합니다. 다른 기업이 유사한 경쟁 기술도 개발하지 못하도록 아주 작은 기술도 광범위하고 공격적으로 특허를 신청해요. 이처럼 특허제도가 반경쟁적으로 오용되니까, 특허가 더 이상 혁신을 촉진하지 않고 오히려 혁신을 저해한다는 연구 결과가 발표됩니다.

독점력 남용은 대표적인 시장 실패입니다. 시장 실패란 효율성

손실이 발생하는 것을 말해요. 경쟁시장가격이 효율성을 극대화하는 반면, 독점가격이 효율성 손실을 가져오기 때문입니다. 이 건조한 표현을 평범한 언어로 바꾸면, 힘을 가진 기업이 소비자 행복을 크게 줄인다는 것이에요. 필요한 물건을 살 수 없거나 높은 가격을 지불해야 하기 때문에 소비자 삶은 더욱 힘겨워집니다.

독과점이 삶에 미치는 영향은 낮은 품질과 높은 가격에 머무르지 않습니다. 독과점은 자본주의를 총제적으로 왜곡할 수 있어요. 글로벌 대기업은 여러 면에서 정부와 대등한 정치적 힘을 행사합니다. CIA, 국정원과 비교할 만한 사적 정보기관을 운영하고, 법무부 검사보다 더 많은 변호사를 고용합니다. 다양한 방식으로 정치인에게 정치자금을 제공하고 로비를 벌입니다. 광범위하게 정치권력과 관계를 맺어 진입장벽을 쌓고 경쟁 규칙을 왜곡해요. 이렇게 정치권력으로 시장 지배력을 유지하는 체제를 '정실자본주의'라고 부릅니다.

인류 역사상 가장 혁신적인 기업으로 평가받는 마이크로소프트와 구글 역시 마찬가지예요. 그동안 그들은 정부에게서 막대한 혜택을 받았습니다. 경쟁 당국에 신청한 모든 합병이 무난하게 승인되었기 때문에 거대 기업으로 성장했어요. 게다가 다양한 반경쟁 행위를 벌였지만 별다른 제재를 받지 않았어요.

예를 들어 구글은 경쟁사 가격비교사이트를 검색에서 제외하거나, 휴대전화 생산업체가 구글 검색앱을 기본적으로 설치하도록 했습니다. 이 때문에 유럽연합EU은 구글에게 엄청난 벌금을 매겼어요. 하지만 정작 미국 연방거래위원회FTC는 2013년 구글에 대한 조사를 일찌감치 종료하고, 반경쟁 행위를 발견하지 못했다고 발표했습니다.

2015년 FTC 내부 문서가 우연히 공개되었는데, 내부 정황이 잘 드러났습니다. 문건은 구글이 독점력을 남용했다고 결론 내렸어요. FTC 문서는 구글이 소비자에게 실질적인 피해를 주고 경쟁기업의 혁신을 가로챘다고 인정하고, 구글을 상대로 소송을 진행해야 한다고 권고했습니다. 하지만 조직 윗선에서 이를 덮어버렸어요.

FTC가 구글에 대한 조사를 서둘러 접은 배경에는 아니나 다를까 구글의 막대한 정치 후원금과 회전문 인사가 있었습니다. 회전문 인사란 은퇴하거나 임기를 마친 정부 고위 인사에게 막대한 연봉과 높은 자리를 제안하는 것이에요. 실제로 버락 오바마 대통령이 재임하던 시절에 구글 관계자는 일주일에 한 번 이상 백악관을 방문한 것으로 드러났어요. 정부에서 구글로, 구글에서 정부로 직장을 이동한 고위공무원 수는 250명에 이릅니다.

우리나라는 더 심각해요. 먼저 짚고 넘어갈 것이 있어요. 한국에서 독점 또는 과점이라는 단어를 많이 쓰지 않습니다. 독과점 문제가 중요하지 않기 때문이 아니라 독과점을 넘어 더 심각한 문제가 자리잡고 있기 때문이에요. 바로 재벌 문제입니다. 독과점은 특정 시장이나 산업에서 소수 기업이 가격과 거래 조건에 과도한 영향력을 미치는 것을 말해요. 반면에 재벌은 전체 경제 생태계를 아우르고 정치계, 언론계, 법조계 전반에 걸쳐서 막대한 영향력을 행사합니다.

중소 하청기업에서 재벌의 갑질과 반경쟁 행위가 넘쳐날 수밖에 없어요. 납품 대금 결제를 차일피일 미루고 계약을 어기고 납품 단가를 후려치고 특허 기술을 빼앗습니다. 시장 지배력이 있고 사회적 비난이나 법적 책임을 넘어서는 힘이 있기 때문에 부당한 일이 벌어집니다. 반경쟁 행위는 경쟁력과 혁신을 저해하고 한국 경제 전체에 큰 비용을 낳습니다.

대기업 경영자가 대통령을 만나면 꼭 하는 말이 있습니다. 자유시장을 신처럼 받들며 찬양하는 사람도 즐겨 쓰는 말입니다. "기업하기 좋은 나라를 만들어야 한다"입니다. "기업하기 좋다"는 말을 시장경제의 동의어로 사용해요. 정부개입 반대와 규제 완화를 요구하며 자유시장주의를 주장합니다.

우리는 경쟁시장과 독과점시장의 차이를 통해서 시장과 기업이 동의어가 아니라는 사실을 배웁니다. 수요와 공급으로 표현되는 시장은 경쟁이 펼쳐지는 장소입니다. 반면 기업이 독점력을 가지면 시장경제는 사라지고 정실자본주의가 등장합니다. 독점기업은 시장경제의 반대말에 가깝고, 독점기업의 정치적 힘은 시장경제의 가장 큰 위협입니다.

기업하기 좋은 나라가 시장경제를 만들지 않습니다. 기업이 서로 경쟁하는 나라, 기업이 계약을 준수하는 나라가 진정한 시장경제를 만듭니다. 이를 위해서는 공정거래법을 엄격하게 집행하고, 재벌과 거대 기업의 정치적 영향력을 제한해야 합니다.

시장, 세상을 균형 있게 보는 눈

기업은 왜
비용과 책임을 떠넘길까

혹시 이타이이타이 병을 들어보았나요? 일본 금속주식회사 미쓰이는 1910년대부터 대량의 카드뮴이 포함된 산업폐기물을 진즈강 하류에 버리기 시작했어요. 많은 사람이 알 수 없는 병에 걸려 고통받았고, 기형아가 태어나기 시작했습니다. 이 병에 걸린 사람은 극심한 통증을 느껴서 "너무 아파요, 너무 아파요"라고 끊임없이 말했어요. 일본어로 "이타이이타이"입니다.

미쓰이는 병이 산업폐기물에서 비롯된 사실을 알았지만 폐기물 방류를 멈추지 않았습니다. 회사가 직접 책임져야 하는 비용이 아니었기 때문이에요. 미쓰이는 1960년대에 이르러서야 산업폐기물을 강에 버리는 일을 그쳤습니다. 뒤늦게 문제가 심각하다고 깨달은 게 아닙니다. 더 저렴한 생산 방식을 발견해서 더 이상 카드뮴이 나오는 폐기물을 배출할 필요가 없어졌어요.

너무 황당하고 화가 나는 이야기이지만 외부효과가 무엇인지 잘 보여줍니다. 의사 결정자는 자신이 직접 지불하지 않는 비용을 무시하려고 합니다. 외부효과란 생산자와 소비자가 한 거래가 또 다른 삼자에게 미치는 영향을 의미해요. 외부효과는 삼자에게 간섭과 침해입니다. 외부효과가 존재한다면 자유시장이라고 부를 수 없어요. 길거리 흡연이 담배 연기를 싫어하는 다른 사람의 자유를 침해한다면, 담배 시장은 자유시장이 아닙니다.

외부효과는 긍정적 혜택을 낳거나 부정적 비용을 전가해요. 긍정적 외부효과는 좋게 들리고 부정적 외부효과는 나쁘게 들리지만, 둘 다 서로 다른 문제를 낳습니다. 거래 당사자가 삼자에게 미치는 비용을 무시하는 부정적 외부효과에서는 시장의 자발적 거래가 지나치게 많이 벌어집니다. 일본 금속주식회사 미쓰이가 산업폐기물을 강에 버리면서 돈을 번 것과 같습니다. 이처럼 공해와 오염 같은 환경문제는 대표적인 부정적 외부효과입니다.

반대로 대표적인 긍정적 외부효과는 새로운 기술 개발과 혁신입니다. 예를 들어, 모바일 운영체제 같은 새로운 기술은 경쟁업체와 다른 산업에 많은 혜택을 전파해요. 이때 문제는 최초 모바일 운영

시장, 세상을 균형 있게 보는 눈

체제 개발자가 광범위한 혜택을 일부밖에 누릴 수 없다는 것입니다.

기업은 스스로 지불해야 하는 비용과 책임을 다른 사람에게 떠넘깁니다. 외부효과는 자본주의 시장경제가 지닌 본질적 문제입니다. 미쓰이 사례를 극단적이거나 예외적이다고 볼 수 없어요. 이런 사례는 너무나 많아요. 몇 가지 사례를 더 소개할게요.

지금이야 다들 담배가 폐암의 원인이라고 생각하지만, 1980년대까지만 해도 흡연이 폐암과 관련있다는 사실이 의심받았어요. 왜냐하면 미국 담배회사가 연구를 조작하고, 돈을 엄청 써서 흡연이 건강에 해롭지 않다는 광고를 했기 때문이에요. 마찬가지로 석유회사는 기후변화를 감추고 속였어요. 사실 그들은 기후변화가 심각하다는 것을 가장 먼저 알았습니다. 하지만 증거를 숨기고, 정치인과 대중을 속이기 위해 온갖 캠페인을 벌였어요. 지금도 미국 시민 절반은 기후변화가 사실이 아니라고 믿습니다.

미국 역사상 최악의 환경 재해라고 불리는 '딥워터 호라이즌' 기름 유출 사고를 기억하나요? 이것도 전형적인 부정적 외부효과입니다. 석유회사 BP는 비용을 줄이기 위해 경험이 없는 작은 회사에게 관리를 맡겼습니다. 2011년에 발생한 후쿠시마 원전 사고도 크게 다르지 않습니다. 도쿄전력이 값싼 용광로를 샀기 때문에 멜트다운을 피하지 못했습니다. 만약 사고에 따른 모든 비용을 기업이 진다면, BP와 도쿄전력은 다르게 선택했을 거예요.

만약 요술램프 지니에게 한 가지 소원을 빈다면, 세상 모든 경제학 교과서에서 외부효과 부분을 다시 써 달라고 부탁하겠어요. 경제학 교과서는 외부효과를 중요성에 비해 너무 가볍게 다룹니다. 이웃과 사회가 함께 지불한 고통스러운 사례를 최대한 많이 담아야 합니다.

외부효과를 어떻게 해결할까요? 긍정적 외부효과는 경제활동이 더 많이 벌어지도록 해야 합니다. 기술 개발과 혁신이 가져오는 이익을 보호하기 위해서 많은 국가가 특허제도를 가집니다. 마찬가지로 정부가 대학 교육을 위해 장학금과 세제 등을 지원하고, 기초과학기술 연구비를 뒷받침합니다.

반대로 부정적 외부효과는 경제활동이 더 적게 이루어지도록 해야 합니다. 가장 손쉽게 생각하는 방식은 명령과 통제입니다. 환경오염물질 배출량을 직접 규제하거나 특정 설비를 설치하도록 명령하는 방식이지요. 자연보호를 위한 규제도 마찬가지입니다. 서로 국경을 접하고 있는 도미니카 공화국과 아이티는 국경을 따라 선명한 차이를 보입니다. 한쪽은 울창한 산림으로 덮여 있지만, 다른 쪽은 황폐한 모습이에요. 도미니카 공화국에는 산림 보호를 위한 규제가 있지만, 아이티에는 없기 때문입니다. 간단한 규제 여부가 이렇게 커다란 차이를 낳습니다.

가장 많이 사용되는 대안은 세금과 벌금입니다. 생산과 소비를 줄이도록 인센티브를 제공합니다. 석유, 가스에 부과하는 탄소세, 교통량이 많은 시내에서 부과하는 혼잡통행료 등이 대표적인 예입니다. 보통 보수적인 사람은 세금 부과를 반대하지만, 보수와 진보를 가리지 않고 거의 모든 경제학자가 부정적 외부효과에 부과되는 세금에는 찬성해요. 만약 세금이 없다면 사회적으로 더 큰 비용을 지불하기 때문입니다.

부정적 외부효과에 매기는 세금은 우리 모두가 환영해야 합니다. 세금을 내는 것이 실질적으로 돈을 절약하는 방법이기 때문이에요. 런던은 혼잡통행료 제도를 실시한 이후 교통량, 교통사고 수, 차량보험료가 모두 감소했고, 이를 통한 혜택이 통행료보다 크다고 나타났습니다. 캐나다 정부가 새로 도입한 탄소세 정책도 많이 주목받고 있어요. 탄소세를 통해 에너지 사용을 줄이고, 이렇게 거둔 세금을 국민에게 환급하는 정책을 시작했습니다.

부정적 외부효과를 해소하는 다른 대안이 있어요. 오염 같은 외부효과 자체를 시장에서 거래하게 만드는 것입니다. 예를 들어, 오염배출권을 만들어 각 공장에게 나누어주고 서로에게 배출권을 사고팔도록 허용해요. 이를 이해하기 위해서 부정적 외부효과를 다른 시각으로 들여다볼게요. 경제학자 로널드 코스는 외부효과가 발생하는 근본 이유를 '재산권의 부재' 때문이라고 설명합니다. 재산권이 쉽게 정의되는 상품이나 서비스는 시장거래가 가능하지만, 오염과 같은 외부효과에서 재산권이 정의되기 어렵습니다. 이때 정부가 나서서 오염물질 자체에 대한 재산권을 정의합니다. 그러면 오염마저 시장에서 가장 바람직한 수준에서 거래된다는 아이디어입니다. 오염할 수 있는 권한을 정의함으로써 오염을 효과적으로 줄이는 정책이에요.

여러 기업이 오염물질을 배출하고 있고, 오염물질 처리 비용이 기업마다 차이가 난다고 합시다. 그렇다면 더 적은 비용으로 처리할 수 있는 기업이 오염 처리 부담을 더 많이 지는 것이 효율적이에요. 명령이나 세금은 효율성을 달성하지 못합니다. 정부는 어느 기업이 더 오염 처리를 잘하는지 알 수 없으니까요. 반면 오염배출권을 사고팔면, 오염 처리 비용이 많이 드는 기업이 그렇지 않은 기업에게서 오염배출권을 구매합니다. 자연스럽게 시장거래는 효율적인 기업이 오염 처리 부담을 더 많이 떠안게 합니다.

지금까지 살펴본 것처럼, 외부효과가 존재하고 더 이상 자유시장이 작동할 수 없는 경우에는 시장과 정부 역할이 단순하지 않습니다. 일반적으로 세금 인상은 보수가 가장 싫어하는 정부개입이지만, 부정적 외부효과에 매기는 세금은 오히려 시장 효율성을 회복시킵니다. 반면 재산권을 통한 시장거래가 시장실패를 더 효과적으

시장, 세상을 균형 있게 보는 눈

로 해결하기도 합니다. 자유시장과 시장실패, 시장과 정부는 복잡한 관계를 보입니다.

왜 공공성을
토론해야 할까

실험에 참가하는 네 명이 각각 50달러를 가집니다. 참가자는 이 중 얼마를 공공사업에 기부하라고 요청받습니다. 마을에 새로운 공원을 만들거나, 부서진 다리를 보수하거나, 홍수로 큰 피해를 입은 옆 마을을 후원한다고 생각해보세요. 만약 모두가 50달러를 전부 기부하면 200달러가 모입니다. 여기에 2를 곱하겠습니다. 이것은 공공사업이 사회 가치를 낳는 과정이라고 이해할 수 있어요. 200달러 비용을 들여 400달러 가치를 만들기 때문에 공공사업은 추진할 이유가 있습니다. 공공사업이 낳은 사회 가치 400달러는 참가자 네 명에게 똑같이 분배됩니다. 각 참가자는 50달러를 기부하고 100달

시장, 세상을 균형 있게 보는 눈

러를 받는 것으로 끝이 납니다.

이 실험을 공공재 실험이라고 불러요. 공공재라 불리는 재화와 서비스는 시장에서 구매하는 사유재와 크게 다릅니다. 가격을 지불하고 구매하면 소비 혜택이 온전히 내 것이 되는 사유재와 달리, 공공재 혜택은 가격을 지불하는 것과 상관없이 사회 구성원 모두에게 나누어집니다. 새로운 공원을 만드는 데 기부를 하지 않아도 공원을 마음껏 이용할 수 있으니까요. 더 명확하게 이해하기 위해서 조금 다른 시나리오를 생각하겠습니다.

이제 참가자마다 다른 금액을 기부한다고 합시다. 게임 규칙은 동일합니다. 전체 기부액에 2를 곱하고, 공공사업이 낳은 가치를 똑같이 참가자에게 나누어줍니다. 즉 돈 한 푼 기부하지 않아도 전부를 기부한 사람과 똑같은 금액을 받습니다. 만약 참가자 중 세 명이 앞과 같이 50달러를 기부하지만, '갑'이라고 불리는 한 명이 전혀 기부하지 않는다고 합시다. 총 150달러가 모이고, 여기에 2를 곱한 300달러의 사회 가치가 만들어집니다. 이것은 기부 여부와 기부 액수와 상관없이 네 사람에게 똑같이 분배됩니다. 그렇다면 각 참가자는 300/4 = 75달러를 받습니다.

모두가 전액 기부하는 상황과 비교할까요? 갑은 더 많은 돈을 갖습니다. 갑은 원래 가진 돈 50달러와 공공사업에서 분배받은 75달러를 더해서 125달러를 갖습니다. 반면 다른 세 참가자는 75달러만 받기 때문에 더 적은 돈을 갖습니다. 사회 전체를 비교하면, 모두가 50달러를 기부할 때는 총 400달러 가치를 만들지만, 갑이 기부하지 않을 때는 총 300달러 가치만 만듭니다. 사회 전체가 누리는 혜택은 감소하지만, 갑이 누리는 혜택은 더 증가합니다.

만약 이 게임을 반복하면 어떻게 될까요? 실험이 반복될수록 참가자 기부액은 눈에 띄게 줄어듭니다. 갑처럼 무임승차를 하는 사람이 가장 많은 혜택을 받기 때문에, 다들 무임승차를 선택하려고 합니다. 결국 아무도 기부하지 않습니다. 사회 가치가 충분히 큰 사업이지만, 자발적으로 사업을 시작하지 않습니다. 이 간단한 실험은 공공재가 왜 시장에서 충분히 생산되지 않는지 잘 설명합니다.

공공재란 배제불가능성과 비경합성을 지닌 상품으로 정의됩니다. 배제불가능성이란 가격을 지불하지 않은 사람도 소비할 수 있는 것을 의미합니다. 비경합성이란 많은 사람이 동시에 사용해도 상품 수가 줄지 않고 혜택도 줄지 않는 것을 의미해요. 공공재가 시장에서 거래되지 않는 것을 이해할 수 있나요? 가격을 치르지 않고도 혜택을 받을 수 있어서 무임승차가 발생합니다. 돈을 내지 않는 무임승차를 막을 수 없다면 아무도 공공재를 시장에서 팔지 않을 거예요. 반면 우리가 시장에서 사고파는 재화와 서비스는 배제가능하고 경합적인 사유재입니다.

경제학 교과서가 소개하는 공공재의 첫 번째 예는 국방 서비스입니다. 국방 서비스는 왜 공공재일까요? 국방 서비스를 누구에게 제공하고, 누구에게 제공하지 않는 것은 거의 불가능합니다. 영토 안에 있는 사람은 자국 국민이 아니어도 국방 서비스를 받으니까요. 게다가 다른 사람이 국방 서비스를 받는다고 해서 내가 받는 국방 서비스가 줄어들지 않습니다. 이처럼 국방 서비스는 배제불가능하고 비경합적입니다. 치안 서비스, 초등 교육 서비스 등도 자주 거론되는 공공재의 예입니다.

정부가 이 서비스를 제공하는 이유는 무임승차 때문입니다. 이제 많은 사람이 자주 하는 실수를 이해할 수 있습니다. 흔히 정부가 제공하는 재화와 서비스를 공공재라고 생각합니다. 하지만 이는 원인과 결과를 거꾸로 생각한 것이에요. 거꾸로 이해해야 옳습니다. 공공재라서 정부가 제공하는 것입니다.

국방 서비스를 시장이 제공하지 않는 이유는 본질적으로 국방 서비스가 무임승차 문제를 극복할 수 없기 때문입니다. 아마도 어떤 사람은 어떻게 사기업이 국방 서비스를 제공하는지 반문할 거예요. 경찰이 제공하는 치안도 마찬가지이에요. 범죄에게서 재산을 지키는 서비스는 국방 서비스처럼 전통적으로 공공재였습니다. 하지만 최근에 경비보안업체가 치안 서비스의 많은 부분을 제공합니다. 기술 발달로 배제가능한 치안 서비스를 제공하는 것이 가능해

졌기 때문입니다. 즉 돈을 내는 사람에게 서비스를 제공할 수 있습니다. 이처럼 재화와 서비스의 배제가능성 여부와 경합성 여부는 변하기도 합니다. 과거에는 정부가 제공하던 공공재가 이제 사유재가 되어 시장에서 제공됩니다.

모든 경제학 교과서는 배제가능성과 경합성 여부에 따라 재화와 서비스를 네 가지—사유재, 공공재, 공유자원, 클럽재로 구분합니다. "네 가지 중 어떤 재화인가?" "다음 중 공공재는 무엇인가?" 이것은 흔한 시험 문제이에요. 그러나 교과서가 설명하지 않고 시험 문제가 묻지 않는 것이 있어요. 첫째, 공공재와 사유재로 명확히 구분할 수 없는 것이 있는지 묻지 않습니다. 둘째, 공공재와 사유재는 본질적으로 재화와 서비스의 특성에서 비롯되는지, 아니면 우리 사회가 선택할 수 있는지 묻지 않습니다.

119 구급서비스가 공공재인지 생각해볼게요. 저는 미국에 있어서 '911' 서비스가 공공재인지 묻습니다. 강의 시간에 질문하면, 모두가 911 서비스를 공공재라고 대답해요. 아직까지 그렇지 않다고 대답한 학생을 만나지 못했습니다. 왜 공공재인지 물어보면 정부가 제공하기 때문이라고 답합니다. 이 답은 경제학 교과서가 가르치는 정답이 아니에요. 배제불가능성과 비경합성이 있어서 공공재라고 답해야 합니다. 하지만 학생들 대답이 완전히 틀린 것도 아니고, 교

과서 정답이 완전히 옳은 것도 아니에요.

경비보안업체가 하듯이 가격을 지불하는 사람에게만 911 서비스를 제공한다고 합시다. 실제로 테네시 주 어떤 도시는 이렇게 해요. 매달 내야 하는 서비스 요금 75달러를 납부하지 않은 집에 불이 났는데, 911은 소방차를 보내지 않았습니다. 다급한 상황에 처한 집주인은 밀린 요금을 당장 내겠다고 말했지만 소용없었어요. 그는 불에 타는 집을 지켜보아야 했어요. 조금 늦게 소방차가 도착했는데, 불을 끄려고 온 게 아니었어요. 평소에 요금을 지불한 이웃집으로 불이 번지는 것을 막기 위해서였습니다. 이처럼 911 서비스를 얼마든지 배제가능하게 만들 수 있습니다.

비대한 정부와 재정적자를 염려하는 고위공무원이 소방서와 소방대원 수를 줄이기로 결정했다고 생각합시다. 화재와 교통사고가 여러 곳에서 발생하지만, 긴급한 순간에 911 서비스를 받지 못하는 사람이 많을 거예요. 이는 911 서비스가 처음부터 비경합적이지 않다는 사실을 설명합니다. 911 서비스는 얼마든지 배제가능하고 경합적인 서비스로 제공될 수 있어요. 정부가 제공하지 않고 기업이 돈을 받고 사업을 할 수 있다는 이야기입니다. 그렇다면 왜 정부가 911 서비스를 제공할까요?

911 서비스를 기본 인권으로 생각하기 때문이에요. 정상적인 국가라면 모든 국민이 911 서비스를 누릴 수 있어야 한다고 사회

구성원이 동의하기 때문입니다. 따라서 모두가 911 서비스를 이용할 수 있게 만들고, 크게 부족하지 않을 만큼 제공합니다. 이처럼 경합성과 배제성 여부를 칼로 무 자르듯 결정할 수 없는 때가 많아요. 재화와 서비스의 성격을 판단할 때, 사회 가치가 결부되기 때문입니다. 얼마만큼 비경합적이고 얼마만큼 배제불가능해야 하는지 사회적 판단이 숨어 있습니다.

많은 정부 정책에 논쟁이 그치지 않는 이유는 바로 모호함 때문이에요. 예를 들어 교육 서비스와 의료 서비스처럼 폭넓게 정의된 서비스는 다양한 측면과 요소를 가집니다. 어떤 점은 경합성과 배제성이 있고, 다른 점은 경합성과 배제성이 없습니다. 무상급식처럼 아주 작게 정의된 서비스도 사람에 따라 경합성과 배제성을 다르게 판단합니다. 급식이 공짜라는 사실보다 보편 복지인지 더 논쟁이 되었는데, '무상급식이 공공재여야 하는가'라는 질문이에요. 모호함을 사이에 두고, '시장이냐 정부냐'라는 이분법적 토론을 하는 일은 무모하기 쉽습니다.

학생들에게 마지막으로 던지는 질문이 있어요. 토지는 사유재일까요, 공공재일까요? 미묘한 논리를 잘 따라왔지만, 학생들은 다시 당황스러운 표정을 보입니다. 답이 너무 쉬워 보이기 때문이에요. 토지는 경합성과 배제성이 있고, 시장경제에서 자유롭게 거래되니 다들 사유재라고 답합니다.

그러면 제가 다시 질문을 던집니다. 값비싼 맨하튼 토지는 완벽하게 사유재일까요? 맨하튼 땅이 비싼 이유를 생각하세요. 한 사람씩 대답합니다. "도시이기 때문입니다." "회사가 많기 때문입니다." "사람이 많이 살기 때문입니다." "교통이 편리하기 때문입니다." 이처럼 정부, 기업, 개인이 함께 만든 도시의 혜택이 땅값을 높였습니다. 그렇다면 토지 가치가 완벽하게 경합성과 배제성을 지니고 있다고 말할 수 있나요?

그렇지 않다고 대답한다면 토지 가격 일부는 공공재 성격이 있습니다. 911 서비스처럼 토지 가치의 경합성과 배제성을 판단하는 데 사회 가치가 개입할 여지가 얼마든지 있습니다. 맨하튼 토지가 얼마만큼 사유재이고 얼마만큼 공공재인지 실증 분석이 필요합니다. 다만 "공공성이 전혀 없고, 완벽하게 사유재이다"라는 대답에 의문을 제기하는 정도로 강의를 끝맺습니다.

인터넷을 검색하면, '토지는 사유재이다', '토지는 공공재이다'라는 글이 많이 있습니다. 경제 전문가의 글은 거의 한편으로 쏠려 있습니다. 경제학적 사유방식은 근본적으로 이분법을 거부하고, 유연하고 세세한 분석을 요구합니다. 하지만 안타깝게도 경제학 지식으로 더 경직되게 사고하는 사람이 많습니다.

자본주의의 비극은
어디서 올까

사회 구성원이 함께 소유하는 재화와 서비스를 흔히 공유재라고 부릅니다. 공유는 실상 '주인이 없다'는 말과 비슷합니다. 주인이 없어서 누구나 소비할 수 있어요. 게다가 이기적 동물인 인간은 서로가 더 많이 쓰려고 경쟁합니다. 경제학 교과서의 정의를 따르면, 배타적이지 않아서 누구나 접근할 수 있지만 소비 경합성이 존재하는 재화와 서비스입니다.

어떤 것이 공유재일까요? 자연과 환경은 공유재 성격이 있어요. 어장 물고기를 생각해볼게요. 누구나 잡을 수 있지만 물고기 양이 무한하지 않아서 어부는 경쟁 관계에 놓입니다. 산림, 강물, 지하수,

공기, 야생동물 등도 마찬가지입니다.

대부분 대학 생활관에 있는 전자레인지는 여느 집에 있는 전자레인지보다 더러워요. 자기 집 전자레인지는 깨끗하지만, 생활관 전자레인지는 왜 더러울까요? "엄마가 없기 때문입니다!"라고 대답할 사람이 있겠지만, 그건 정말 틀린 답이에요! 집안 살림이 엄마 몫이라고 생각해서는 안 됩니다. 정답은 집 전자레인지와 생활관 전자레인지가 서로 다른 재화로 정의되기 때문이에요. 집에 있는 것은 개인 사유재이고, 생활관에 있는 것은 거주자 공유재입니다.

젖소와 들소도 생각해볼게요. 젖소가 멸종한다는 말을 들어본 적이 있나요? 아무도 없을 거예요. 하지만 들소가 멸종 위기에 있다고 들어보았을 거예요. 둘은 유전적으로 비슷한 동물인데, 무엇이 차이를 만들었을까요? 생물학적 차이는 작지만 경제학 관점에서 두 재화는 다른 종류로 정의됩니다. 젖소는 사유재이고, 들소는 공유재입니다.

공유재에서 공통적으로 발견되는 현상이 있어요. 한마디로 말하면 '너무 지나치다'입니다. 더러운 생활관 전자레인지나 멸종 위기에 놓인 들소처럼, 공유재는 사회적으로 바람직한 수준보다 더 많이 소비되는 운명입니다. 이를 '공유지의 비극'이라고 불러요. 이 개념을 가장 먼저 소개한 사람은 생물학자 개럿 하딘이에요. 그가 든 예는 마을 공동 방목장입니다. 공동 방목장은 왜 황폐해질까요? 다른 소가 풀을 많이 먹을수록, 내 소가 먹을 풀은 줄어듭니다. 이 상황에서 농부는 경쟁적으로 자신의 소를 끌고 나와 풀을 먹입니다.

무엇이든 '너무 지나치다'고 생각이 들면, 이제부터 공유지의 비극이 아닌지 의심하세요. 무엇이 떠오르나요? 저는 기후변화가 가장 먼저 떠올라요. 세계 산림 면적 감소, 온실가스 증가, 지구 표면 온도 상승, 남극 빙하 면적 감소, 재해 급증 같은 기후 위기가 인류 미래를 위협한다는 경고를 자주 들어요. 기후 위기는 대표적인 공유지의 비극입니다. 우리는 경제성장을 위해 깨끗한 환경을 지나치게 많이 소비합니다. 미세먼지로 뿌연 하늘은 일상생활을 위협하기에 이르렀어요. 외출 자제를 알리는 긴급 문자는 다름 아닌 공유지의 비극을 알리는 경고 메시지입니다.

항생제 남용도 생각해볼게요. 항생제는 흔히 인류가 개발한 최고의 약, 인류를 구원한 약으로 불립니다. 항생제 사용 이전에는 산업 국가의 평균 수명이 50세 정도였지만 현재 80세를 넘겼어요. 가장 큰 이유로 항생제 개발을 꼽는 사람이 많습니다. 이렇게 놀라운 약품이지만, 최근 우리는 전혀 예상하지 못한 문제에 맞닥뜨렸어요. 바로 항생제에 내성을 갖는 박테리아입니다. 어떤 연구에 따르면, 항생제 남용으로 사망한 사람이 미국에서 해마다 29,000명에 이른다고 하네요. 여기에도 공유지의 비극이 숨어 있습니다. 의사는 자신 앞에 앉은 환자만 생각하는 인센티브를 가져요. 자신의 환자를 치료하기 위해서 더 적극적으로 항생제를 처방합니다. 그러나 모든 의사가 이렇게 행동하면 사회 전체는 항생제 남용으로 더 큰 비용을 지불해야 합니다.

한국에 가서 지인을 만나면 한국과 미국을 비교하는 이야기를 많이 나눕니다. 사건, 사고가 끊이지 않는 한국 사회에 대해 대화하다가, 이야기가 곧잘 미국 사회로 넘어갑니다. 미국이 훨씬 살기 좋은 곳 아니냐는 질문을 많이 듣습니다. 꽤 많은 사람이 미국에 사는 저를 부러워합니다. 특히 미국을 잠시 방문한 경험이 있는 사람일수록 더욱 그래요.

저는 좀 다르게 생각해요. 사실 미국 1인당 국민 소득이 한국보다 훨씬 더 높기 때문에 미국이 더 살기 좋은 것은 당연합니다. 오히려 월등한 경제 격차에도 불구하고 미국 사회가 심각한 문제로 몸살을 앓고 있다는 사실에 주목해야 합니다.

총기 사고, 대량 투옥, 마약성 진통제 남용 등 대표적인 미국 문제를 생각해볼게요. 총기 사고 사망자가 매해 4만 명에 육박하고, 공포는 일상화되었어요. 높은 수감률과 과도한 형량도 심각합니다. 240만 명 넘는 사람이 현재 감옥에 있습니다. 미국인 15명당 1명이 감옥을 경험하고, 흑인 남성 3명당 1명이 감옥을 경험합니다. 오피오이드 남용도 다른 문제 못지않게 심각해요. 2017년 한 해만 7만 명 넘는 미국인이 마약성 진통제를 과다 복용해서 사망했습니다.

자본주의가 가장 발달하고 다들 부러워하는 미국이 왜 이런 문제를 겪을까요? 이것은 통제되지 않은 자본주의가 낳는 공유지의 비극입니다. 총기를 시장에서 쉽게 구매할 수 있고, 총기를 많이 소유할수록 총기 폭력에 노출되는 사람이 늘어납니다. 즉 총기 소유는 비배타적이지만 경합성이 있는 공유재 속성을 띕니다. 결국 모두가 더 안전해지기 위해 총기를 구매하지만 사회 전체는 더 위험해집니다.

대량 투옥도 마찬가지예요. 형사법 집행은 근본적으로 공공재 서비스라 할 수 있습니다. 안전 사회라는 혜택이 특정인에게 배제될 수 없고, 내가 누리는 혜택이 다른 사람이 누리는 혜택과 경합하지 않기 때문이에요. 하지만 법 집행에 따른 혜택을 사유화하는 일이 벌어집니다. 미국 검사는 범죄에 단호하다는 평판을 쌓기 위해 작은 범죄에도 높은 형량을 구형합니다. 앞으로 검사장 및 주 법무부 장관 선거를 준비하기 위해서예요.

이때 법을 집행한 혜택 일부가 검사에게 사유화된다고 볼 수 있어요. 게다가 남보다 더 강한 평판을 얻으려는 검사의 경합이 펼쳐집니다. 이처럼 공공재가 공유재로 바뀌면서, 사형과 과도한 형량을 남발하는 비극이 벌어집니다. 교도소 건설 및 운영의 민영화, 이에 따른 엄청난 로비 자금도 공유지의 비극을 가속화해요. 미국 시민이 겪는 부당한 고통 과잉 뒤에 평범한 승진 욕구와 뒤섞인 공유지의 비극이 숨어 있습니다.

마약성 진통제 남용 역시 제약회사와 의사가 추구하는 평범한 이윤 경쟁에서 비롯됩니다. 제약회사는 다양한 금전 인센티브를 의사에게 제공하고, 더 많은 마약성 진통제를 처방하도록 부추깁니다. 마치 다른 소가 먹으면 내 소가 먹을 양이 줄어드는 공동 방목장의 풀처럼, 다른 의사가 처방하면 내가 돈을 버는 기회가 줄어듭니다. 의료 범죄가 경쟁적으로 펼쳐지는 이유입니다.

총기와 마약성 진통제 같이 사유재여야 하거나 형사법 같이 공공재여야 하는 것도 얼마든지 공유재로 뒤바뀔 수 있습니다. 여기에는 통제받지 않은 힘과 이기심이 숨어 있습니다. 이러한 자본주의의 한계를 이해하고 적절하게 대처하지 못하면, 비극을 경험하며 삽니다.

여러분 삶에서도 '이건 정말 너무 너무 지나치다'고 느낀 적이 있나요? 왜 학교가 끝난 후 저녁이나 주말에도 학원에 가야 하나요? 정말 사교육 문제는 해도 해도 너무 지나칩니다. 이렇게 지나치다는 생각이 들면 무엇을 의심해야 할까요? 공유지의 비극입니다. 이 문제를 생각하기 위해, 사회적 딜레마를 보여주는 게임 하나를 소개할게요. '게임이론'이라는 경제학 과목에서 '죄수의 딜레마'라는 이름으로 주로 소개되지만, 이 게임은 입시 경쟁이라는 공유재의 비극도 잘 담고 있습니다.

광필과 유진은 입시를 앞두고 있습니다. 좋은 대학에 들어가면 5천만 원의 연봉을 받지만, 적당한 대학에 들어가면 3천만 원의 연봉을 받는다고 할게요. 부모는 자신의 자녀를 학원비 천만 원이 드는 강남 학원이나 백만 원이 드는 강북 학원 중 한 곳에 보낼 수 있습니다. 만약 두 부모가 같은 학원에 아이를 보낸다면, 광필과 유진은 50%의 확률로 좋은 대학에 갑니다. 반면 광필의 부모가 강남 학원을, 유진의 부모가 강북 학원을 선택하면, 광필은 좋은 대학에 가고 유진은 적당한 대학에 갑니다.

다음 표로 이 상황을 표현할 수 있어요. 둘 다 강남 학원을 선택하면, 각각 50%의 확률로 5천만 원 또는 3천만 원의 연봉을 받고 천만 원의 학원비를 내야하므로, $1/2 \times (5천만 원 + 3천만 원) -$ 천만 원 $= 3천만 원$ 수익을 얻습니다. 둘 다 강북 학원을 선택하면, $1/2 \times (5천만 원 + 3천만 원) -$ 백만 원 $= 3천 9백만 원$ 수익을 얻습니다. 광필이 강남 학원을, 유진이 강북 학원을 선택하면, 광필의 수익은 5천만 원 - 천만 원 = 4천만 원, 유진의 수익은 3천만 원 - 백

유진

		강남 학원	강북 학원
광필	강남 학원	3천만, 3천만	4천만, 2천 9백만
	강북 학원	2천 9백만, 4천만	3천 9백만, 3천 9백만

| 공유지의 비극과 죄수의 딜레마

만 원=2천 9백만 원입니다. 광필이 강북 학원을, 유진이 강남 학원을 선택하면 둘의 수익은 반대가 됩니다.

광필과 유진 모두에게 가장 좋은 상황이 무엇일까요? 사회적으로 수익의 합이 가장 큰 상황을 묻는 것입니다. 그것은 두 사람 모두 학원비가 백만 원인 강북 학원에 다니는 것입니다. 이때 두 사람 모두 3천 9백만 원의 수익을 얻습니다. 그렇다면 부모는 그렇게 선택할까요? 광필의 부모와 유진의 부모는 강북 학원을 선택하지 않을 거예요. 만약 유진이 강북 학원을 다니면, 광필의 부모는 강남 학원을 선택하기 때문입니다. 수익이 4천만 원으로 늘어나니까요. 물론 유진의 부모도 같은 방식으로 생각할 것입니다. 사실 상대방이 어떤 결정을 하든지, 두 부모는 자신의 자녀를 더 비싼 강남 학원으로 보냅니다. 유진이 강남 학원을 선택해도 광필의 수익은 강남 학원에 갈 때 더 높고, 유진이 강북 학원을 선택해도 광필의 수익은 강남 학원에 갈 때 더 높습니다.

왜 이 상황을 딜레마라고 부를까요? 합리적이고 이성적인 개인의 선택이 결코 사회적으로 가장 좋은 결과를 가져오지 않습니다. 게다가 개인 자신도 더 나쁜 상황에 빠져버립니다. 공유지의 비극도 다르지 않습니다. 모두가 적당하게 소비하면 좋은 결과를 얻지만, 경쟁에서 이기기 위해 모두가 지나치게 소비하면 모두가 비극적인 결말을 맞이합니다.

자본주의가 삶을 풍요롭게 하는 이유는 공정한 경쟁 때문입니다. 하지만 모든 경쟁이 우리를 더 행복하게 만들지 않습니다. 공유재 성격이 있는 재화와 서비스를 향한 경쟁은 우리를 비극으로 몰아넣습니다. 무엇이 좋은 경쟁이고, 무엇이 나쁜 경쟁인지 잘 판단해야 합니다.

시장, 세상을 균형 있게 보는 눈

비대칭정보는 세상을
불완전하게 만들까

중고차를 몇 번 산 적이 있어요. 불확실성 때문에 차를 사면서 많이
불안했습니다. 혹시 차에 심각한 문제가 있거나, 차가 금방 고장날
까봐 걱정했습니다. 일어나지도 않을 일을 어리석게 걱정하는 것이
아니에요. 어떤 차가 중고차 시장에 더 많이 나올까요? 문제가 없
는 차일까요, 아니면 문제가 많은 차일까요? 중고차를 판 원래 주
인이 어떤 인센티브를 가지는지 생각하면, 답은 어렵지 않습니다.

   간단한 예를 통해 이해해볼게요. 중고차 시장에 네 대의 차 A,
B, C, D가 있다고 해요. A차 소유주는 최소 5백만 원을 받으면 차
를 팔려고 해요. B차 소유주는 4백만 원, C차 소유주는 3백만 원, D

차 소유주는 2백만 원에 차를 팔 용의가 있습니다. 만약 소비자가 어떤 차인지 구분할 수 있다면 백만 원씩 웃돈을 지불할 용의가 있다고 할게요. 즉 소비자는 A차에 6백만 원, B차에 5백만 원, C차에 4백만 원, D차에 3백만 원까지 돈을 내고 구매할 의사가 있습니다. 이 상황에서 소비자가 네 대의 차를 구분할 수 있으면 모든 차는 거래가 이루어질 거예요. 예를 들어 A차는 5백만 원과 6백만 원 사이에서 가격이 결정되고 거래가 이루어집니다.

소비자가 A, B, C, D 차량의 차이를 알지 못하면 어떻게 될까요? 차 네 대의 차이를 모르는 소비자는 자연스럽게 평균을 계산해볼 거예요. 지불의사의 평균인 4백 5십만 원까지 낼 용의가 있습니다. 그렇다면 각 차의 소유주는 어떻게 할까요? B, C, D차 소유주는 이 가격에 차를 팔 용의가 있어요. 하지만 A차 소유주는 5백만 원 이하에 차량을 팔지 않습니다. A차 소유주는 처음부터 수고스럽게 중고차 시장에 차를 내놓지 않을 거예요.

바보가 아닌 소비자는 A와 같이 가장 좋은 차량이 시장에 없다는 점을 예상합니다. 현재 중고차 시장에는 B, C, D만 존재한다고 알기 때문에 소비자의 평균 지불의사도 달라집니다. 이제 소비자는 4백만 원, 3백만 원, 2백만 원의 평균인 3백만 원까지 지불합니다. 그렇다면 앞과 같은 논리로 4백만 원 이하에 팔 생각이 없는 B차 소유주는 애초에 시장에 나올 필요가 없습니다.

이 분석을 따라가면, 결국 차량 한 대만 시장에 남습니다. 그것은 가장 가치가 적은 D차입니다. 이런 결과를 두고 경제학은 '역선택'이라고 불러요. 정보가 시장 참가자 사이에서 완전하게 공유되지 않으면 사회적으로 바람직한 거래가 이루어지지 않습니다. 흔히 '레몬' 또는 '개살구'라고 부르는 불량품이 거래됩니다.

우리가 시장경제를 좋아하는 큰 이유는 서로에게 만족스러운 거래가 모두 이루어지기 때문입니다. 하지만 간단한 예에서 보듯이 A, B, C차 거래는 서로에게 만족스럽지만 이루어지지 않습니다. 이를 두고 '정보의 비대칭'으로 인한 시장실패라고 부릅니다. 정도 차이는 있지만 사용 전에 품질을 확인할 수 없는 모든 상품과 서비스는 이 문제를 가질 수밖에 없어요.

역선택은 구입한 새 차의 시장가격이 왜 하루 만에 크게 떨어지는지 설명합니다. 어제 3천만 원을 주고 산 새 차를 다음날 중고시장에 내다 판다고 해요. 과연 2천 9백 9십만 원을 받을까요? 하루 지났지만, 소비자는 중고차가 시장에 나온 이유를 의심할 수밖에 없어요. 결국 차를 팔려는 사람과 사려는 사람의 넘을 수 없는 정보 격차가 새 차의 가치를 단 하루 만에 크게 떨어뜨립니다.

역선택이 있는 대표적 시장은 의료보험 시장입니다. 보험 가입자가 보험회사보다 자신의 건강 정보를 더 잘 알아요. 어떤 의료보험 회사가 새로운 암보험 상품을 판매한다고 합시다. 20대 청년과

70대 노인 중 누가 더 보험을 사려고 할까요? 부모와 형제 가운데 암환자가 있는 사람과 그렇지 않은 사람 중 누가 더 보험을 사려고 할까요? 보험시장에서는 건강이 좋지 않거나 위험군에 속한 사람이 더 보험을 사려는 역선택이 벌어집니다.

대다수 선진국 정부가 국민건강보험 제도를 실시하는 근본적인 이유가 바로 여기에 있어요. 시장은 정보격차로 역선택이 발생하는 서비스를 제공하는 데 실패하기 쉽습니다. 중고차 시장 사례처럼 시장에만 맡겨 두면 거래가 이루어지지 않으니까요. 국민건강보험은 역선택을 방지하기 위해 국민 모두가 의무적으로 가입하게 하는 제도입니다.

비대칭정보에 따른 역선택이 있어도 언제나 정부가 나서야 하는 것은 아니에요. 시장 참여자는 다양한 방식으로 정보를 서로 주고받으려고 노력합니다. 잘 알려진 예는 중고차 매장이 무상수리 보증을 제공하는 것, 보험 가입자가 가입 조건으로 건강진단을 받는 것, 은행이 신용정보에 따라 차등 대출을 하는 것, 기업이 인턴 제도를 이용하는 것 등입니다.

여기서 중요한 점이 있어요. 정보 교환은 거래가 역선택을 피하도록 돕지만 다른 문제를 낳습니다. 이미 질병이 있는 사람은 보험을 가입하지 못하고, 신용 등급이 나쁜 사람은 대출을 받지 못합니다. 마찬가지로 노동시장에서는 비자발적 실업이 나타납니다. 이제

시장, 세상을 균형 있게 보는 눈

상대적으로 사회적 약자가 다양한 거래에서 배제되는 일이 곳곳에서 벌어집니다.

비대칭정보는 차별을 일으키기도 합니다. 같은 대학을 졸업하고 스펙이 거의 비슷한 남성과 여성이 입사 지원서를 제출했다고 해요. 모든 조건이 같다면 채용 담당자는 누구를 뽑을까요? 아직까지 우리 사회는 여성보다 남성을 선호해요. 여성이 결혼하고 임신과 출산 때문에 휴직하거나 직장을 아예 그만둘지 모르기 때문이에요.

채용 담당자가 정확한 지원자 정보를 가진다면, 채용 시장에서 성 차별이 크게 줄어들 것입니다. 만약 지원한 여성이 비혼주의자라는 사실이나 지원한 남성이 일이 년 후에 유학을 떠날 계획이 있다는 사실을 안다면, 채용 담당자는 두 사람 중 여성을 선호할지 몰라요. 정보가 없어서 채용 담당자는 남성과 여성의 평균 근속연수, 근로시간, 이직률 등에 기대어 의사 결정을 합니다.

경제학은 이런 차별을 통계적 차별이라고 불러요. 통계적 차별은 혐오 차별과는 달라요. 혐오는 특정 그룹의 사람을 싫어하고 미워하는 것입니다. 혐오 차별은 경제 손실에도 불구하고 특정 그룹을 차별해요. 반면 통계적 차별은 경제적 이윤을 극대화하는 합리적 사고를 통해 이루어집니다.

백인과 흑인 차별도 같은 방식으로 이해할 수 있어요. 개인 정보가 부족할수록 의사 결정자는 백인과 흑인이 보이는 평균 차이를 바탕으로 차별합니다. 어두운 길거리에서 흑인을 마주칠 때 사람들이 더 두려워하는 이유는 흑인 범죄율이 백인 범죄율보다 더 높기 때문입니다. 백인보다 흑인의 평균 교육 수준이 낮고, 흑인 범죄율이 높기 때문에 채용 시장에서 흑인 차별도 지속됩니다.

만약 거의 똑같은 이력서를 서로 다른 이름, 즉 그레그, 에밀리 같은 백인 이름과 자말, 라키샤 같은 흑인 이름으로 보내면, 어떤 결과가 나타날까요? 이력서는 비교적 많은 정보를 담기 때문에 이력서가 없는 때보다 차별이 줄어들 거예요. 그럼에도 불구하고 실험 연구에 따르면, 백인 이름이 흑인 이름보다 두 배 많게 인터뷰 요청을 받았습니다. 여전히 이력서에 드러나지 않는 정보가 차이를 낳았다고 이해할 수 있어요.

지금까지 설명에 따르면, 통계적 차별은 편견이나 혐오와는 달리 합리적 사고의 결과로 나타나는 것 같습니다. 하지만 현실적으로 통계적 차별을 편견이나 혐오와 구분하는 것은 쉽지 않아요. 통계적 차별이 편견과 혐오의 자기실현적 성격을 가지기 때문입니다. 만약 경찰이 흑인에 편견을 가진다고 합시다. 편견이 있는 경찰은 흑인이 사는 지역을 주로 순찰하고 흑인을 더 자주 불심검문합니다. 그렇다면 백인과 흑인이 실제로 범죄를 저지를 확률이 동일해도 더 많은 흑인이 검거될 수밖에 없습니다. 이 결과를 보고 사람들은 흑인 범죄자 비율이 백인보다 훨씬 높다고 말하거나, 흑인이 사는 지역에 순찰과 불심검문이 필요하다고 주장합니다.

마찬가지로 흑인의 능력에 사회적 기대치가 낮을 때, 흑인은 같은 능력을 가진 백인에 비해 더 낮은 교육을 받는 선택을 합니다. 같은 비용을 들여서 대학을 가도 취직 확률이 낮기 때문에, 합리적인 계산에 따라 대학을 가지 않는 것입니다. 이 현상을 자기실현적 예언이라고 부릅니다. 하지만 사람들은 흑인의 교육 수준이 낮은 것을 두고, 그들의 능력이 부족하기 때문이라고 이해합니다.

차별은 그 자체로 옳지 않지만 효율적인 거래를 방해한다는 면에서 시장실패이기도 합니다. 시장이 차별 없는 공정한 경쟁의 장을 제공하지 못하는 이유는 완전한 정보가 시장 참여자 사이에서 공유되지 않기 때문입니다. 정보가 충분하지 않은 시장을 두고 자유시장이라고 부를 수 없어요. 차별은 약자가 직장을 구하고 정당한 임금을 받는 자유를 침해하는데, 이것을 어떻게 자유시장이라고 할까요?

주인-대리인 문제는
무책임한 기업을 만들까

자전거를 탈 때 헬멧을 의무적으로 착용해야 하는 것을 아세요? 헬멧을 쓰면 사고 시에 심각한 머리 부상을 줄일 수 있기 때문이에요. 그런데 헬멧을 쓰기 시작하니까 예상하지 못한 일이 벌어졌어요. 머리를 다치는 일은 줄었지만 사고는 더 많아졌습니다. 왜 그럴까요? 사람들이 좀 더 과감하고 위험하게 자전거를 타기 때문입니다. 화재보험을 든 사람이 그렇지 않은 사람에 비해서 소화기를 덜 사는 것도 마찬가지예요. 만약 불이 나더라도 보험회사를 통해서 피해를 복구할 수 있어서 소화기를 사는 인센티브가 줄어듭니다.

경제학은 이런 반응을 '도덕적 해이'라고 불러요. 이름 때문에

시장, 세상을 균형 있게 보는 눈

마치 도덕적 책임을 다하지 않는 느낌을 주지만, 경제학자는 도덕적 해이를 윤리 문제가 아니라 정보 문제로 이해합니다. 만약 자전거를 타는 사람의 행동을 일일이 관찰할 수 있다면, 헬멧 착용으로 달라지는 행동을 통제하는 장치를 마련할 수 있습니다. 헬멧을 착용했는지 실시간으로 관찰하는 장치가 있고, 만약 헬멧을 착용하지 않고 자전거를 타면 벌금을 매긴다고 생각해보세요. 마찬가지로 소화기를 설치했는지 관찰할 수 있다면, 화재보험 가입자에게 소화기를 의무적으로 설치하는 계약에 동의하라고 요구할 수 있어요.

말은 쉽지만 실제로 누구의 행동을 항상 관찰하고, 일거수일투족을 감시하는 계약을 맺는 일은 거의 불가능합니다. 이 점에서 도덕적 해이는 정보의 비대칭 때문에 발생합니다. 정보의 비대칭이 만드는 문제라는 점에서 역선택과 비슷하지만, 비대칭정보가 무엇인가라는 점에서 서로 다릅니다. 역선택에서는 비대칭정보가 '숨은 특성'이지만, 도덕적 해이에서는 '숨은 행동'이에요. 역선택은 재화와 서비스의 특성을 알 수 없어서 발생하고, 도덕적 해이는 다른 경제 주체의 행동을 관찰할 수 없어서 발생합니다.

2007~2008년 미국 금융위기는 1930년대 대공황 이후 가장 심각한 경제위기였어요. 당시 8백 7십만 명의 노동자가 직장을 잃었고, 천만이 넘는 가구가 집을 잃었습니다. 이렇게 어마어마한 피해

를 낳은 금융위기는 왜 벌어졌을까요? 복잡한 이유가 섞여 있지만, 가장 근본적 원인은 금융사의 도덕적 해이 때문이에요.

금융위기가 터진 직접적 계기는 고위험의 파생상품 때문입니다. 잘 작동하는 금융시장에서는 파생상품이 위험을 분산하고 줄이는 역할을 합니다. 하지만 당시 금융사는 스스로 이해하지 못한 파생상품을 만들어 팔았습니다. 이것은 마치 자동차 회사가 어떻게 만들어졌는지 모르는 엔진과 부품을 조립한 셈이에요. 자동차 회사는 이렇게 무책임하게 행동하지 않습니다. 문제가 터지면 책임져야 하기 때문이에요. 반면 금융사가 무책임하게 행동한 이유는 책임지지 않아도 된다는 사실을 알았기 때문입니다. 왜 금융사는 책임지지 않을까요?

금융사는 서로 긴밀하게 의존하고 있어요. 몇몇 금융사에서 문제가 터져도 다른 금융사가 위험에 빠질 수 있습니다. 게다가 금융산업은 국가 경제를 떠받치는 역할을 하기 때문에, 금융산업 문제는 전 국민이 감당해야 하는 큰 피해로 퍼져나갈 수 있어요. 이런 상황이라면 문제가 발생하지 않도록 더욱 조심해야 한다고 생각하겠지만, 이와 반대로 문제가 발생하면 어쩔 수 없이 정부가 나서서 도와줄 수밖에 없다고 생각합니다.

이를 두고 대마불사too big to fail라고 표현합니다. '너무 크면 쉽게 죽지 않는다'라는 뜻이에요. 실제로 궁지에 몰린 미국 정부는 어쩔 수 없이 긴급 자금을 주요 금융사에 제공했어요. 문제를 일으킨 당사자에게 벌이 아니라 마치 상금을 주는 역설적 상황이 대마불사의 의미를 잘 보여줍니다. 대마불사는 가장 나쁜 도덕적 해이를 일으킵니다. 상황이 최악일수록 정부가 더 도와줄 수밖에 없다는 사실을 알기 때문에 더 무책임해져요.

대마불사가 만드는 도덕적 해이가 어느 정도인지 보여주는 이야기가 있어요. 정부가 금융사에 지급한 자금의 목적은 시장 대출이었습니다. 경색된 시장에 돈이 돌도록 만들고 싶었어요. 하지만 돈을 주는 정부는 어떻게 돈을 사용할지 금융사에게 부탁만 하고 명령하지 못했습니다. 일부 금융사 회장은 만약 돈의 사용 용도가 제한되면 돈을 받지 않겠다고 말했어요. 이렇게 배짱 있게 말한 이유는 정부가 돈을 줄 수밖에 없다는 사실을 알았기 때문이에요. 실제로 AIG는 받은 돈 상당액을 회장과 임직원의 보너스로 사용했습니다.

정말 화나는 일 아닌가요? 직장과 집을 잃은 국민은 정부에게 전혀 도움을 받지 못했어요. 이 모든 일에 책임이 있는 사람이 정부에게 돈을 받는 거예요. 게다가 받은 돈을 내 마음대로 쓰겠다고 말하고, 그게 싫으면 주지 말라고 으름장을 놓았습니다. 이야기는 여기서 끝나지 않아요. 금융위기가 어느 정도 극복되고, 당시 재무장관과 정책 담당자는 은행 구제책이 성공적이라고 자화자찬했습니다. 지원금을 줄인 것을 자랑스럽게 생각했어요. 하지만 그들이 대마불사를 만든 장본인이에요. 도저히 이들 한통속에게 박수를 쳐줄 수 없습니다.

한국이 경험한 1997년 외환위기에도 비슷한 이야기가 숨어 있어요. 1990년대 재벌은 해외에서 많은 돈을 빌려와 사업을 확장했습니다. 부채 수준이 지나치게 높고 사업 내용도 지나치게 위험하다고 평가받았어요. 하지만 해외 자본은 국내 재벌에게 돈을 계속 빌려주었습니다. 재벌 덩치가 컸기 때문이에요. 한국 정부가 이렇게 큰 재벌을 망하게 둘 수 없다는 점을 알았기 때문에 재벌이 파산할 수 없다고 판단했습니다.

도덕적 해이는 자본주의를 이루는 모든 톱니바퀴의 고리에서 나타납니다. 시장경제를 구성하는 계약관계에는 피할 수 없는 정보격차가 존재하기 때문이에요. 이를 잘 설명하는 경제학 모델이 주인-대리인 관계입니다.

보편적 현대 기업 형태인 주식회사를 생각해보세요. 주식회사의 중요한 특징은 소유와 경영의 분리입니다. 주주가 기업을 소유하고, 전문경영인이 기업을 경영합니다. 대리인인 경영자는 주인인 주주의 이익을 위해 일해야 합니다. 하지만 경영자는 주주와 다른 이해관계를 가질 때가 많아요. 주주가 경영자의 의사 결정과 행동을 모두 관찰하고 계약할 수 없어서 도덕적 해이가 발생합니다.

대리인 문제를 실증적으로 확인하기 위해 경제학자는 갑작스러운 경영자 죽음이 기업 주가 변화에 어떻게 영향을 미치는지 살펴봅니다. 미국 캔디회사인 투시롤의 경영자가 사망했을 때 주가는 7% 정도 상승했어요. 국내에서도 대기업 경영자가 사망할 때 비슷한 일이 종종 벌어져요. 심지어 주가가 20% 정도 폭등한 경우도 있습니다. 주주가 원하는 대로 경영자가 회사를 운영하지 않았다고 유추할 수 있어요.

그렇다면 경영자의 대리인 문제를 어떻게 줄일까요? 주로 성과급이 사용됩니다. 스톡옵션 같이 기업 이윤에 연동한 보상은 경영자 이익을 주주 이익과 일치하는 역할을 하기 때문이에요. 하지만 성과급이 완벽한 대안은 아니고, 또 다른 문제를 낳습니다. 보상은 측정 가능한 성과에 기반하므로, 측정 가능하지 않은 성과는 더욱 무시되기 쉬워요. 같은 맥락에서 성과급은 경영자가 장기보다 단기에 집착하도록 만듭니다. 본인 임기 후에 수익이 나는 사업에 투자하지 않고, 당장 비용을 줄여 이윤을 키우는 경영을 하기 쉽습니다. 게다가 성과급은 사기와 회계 조작을 하려는 인센티브를 더 많이 제공합니다.

주인-대리인 문제는 주주와 경영자를 포함해 모든 계약관계에서 나타납니다. 가장 큰 비중을 차지하는 주주인 기관투자자는 사실 다른 투자자의 대리인입니다. 반면 경영자는 다른 고위 임원의 주인이고, 임원은 다른 직원의 주인입니다. 기업 안에서, 기업과 기업 사이에서 주인-대리인 관계가 생겨요. 생산 일부분을 다른 하청기업에게 외주를 주면, 원청기업은 주인, 하청기업은 대리인이 되어요. 이처럼 기업 활동에서 생기는 모든 거래 고리마다 주인-대리인 관계가 나타납니다.

비인간적인 모습으로 나타나는 자본주의에는 복잡한 톱니바퀴처럼 엮인 주인-대리인 관계가 숨어 있습니다. 주인-대리인 관계는 책임을 떠넘기는 문제를 낳을 수밖에 없습니다. 자본주의라는 거대한 일련의 톱니바퀴는 아무도 책임지지 않는 시스템처럼 작동하기 때문입니다.

기업은 종종 돈을 조금 아끼기 위해 노동자, 소비자, 전체 공동체 구성원에게 큰 피해를 주고 생명을 앗아가는 일도 서슴지 않습니다. 태안화력발전소에서 일하다가 컨베이어벨트에 끼어 사망한 노동자 이야기를 아시나요? 비용을 줄이기 위해 2인 1조 근무 규정을 지키지 않아서 발생한 비극이었어요. 한국은 경제협력개발기구 OECD 회원국 중 산업재해 사망률이 1위예요. 하루가 멀다 하고 산재 사망과 사고 소식이 터지고, 2018년 한 해에만 노동자 2,142명이 사망했습니다. 특히 사고 대부분이 하청업체에서 발생합니다. 이를 '위험의 외주화'라고 부릅니다.

시장, 세상을 균형 있게 보는 눈

반도체공장 노동자가 보호 장비를 갖추지 않고 유해 물질을 다루었습니다. 이 때문에 많은 사람이 백혈병과 암으로 고통을 받았습니다. 가습기 살균제 제조기업이 가습기 살균제의 위해성을 제대로 조사하지 않아 1,500명 넘는 소비자가 폐질환으로 사망하였습니다. 세월호 사고의 일부 원인은 증개축과 화물 과적, 평형수 부족 때문이에요. 기업이 돈을 조금 더 벌기 위해 벌인 일입니다. 근본적으로 아무도 책임지지 않게 만드는 '주인-대리인 관계의 연쇄 고리'에서 비롯되었어요.

주인-대리인 관계가 비효율성과 무책임을 낳는 이유는 완벽한 계약을 맺을 수 없기 때문입니다. 가격체계가 완벽하게 작동하는 자유시장은 단기 비용 감소가 아니라 장기 투자 지속을 통해서 이윤을 증가시키고, 산재사고가 일어나지 않게 보상과 처벌을 계약에 담을 수 있습니다. 또한 원청업체와 하청업체가 납품 계약을 할 때 나중에 납품 단가를 깎고, 납품대금 지급을 미루고, 하청업체의 연구 개발 성과를 가로채는 것을 막을 수 있습니다.

하지만 현실 시장경제는 곳곳에서 계약 불완전성이라는 장벽을 가집니다. 거래 당사자 사이에, 주인과 대리인 사이에 신뢰가 있어야 이것을 극복할 수 있습니다. 이것을 더 잘 이해하기 위해 경제학자는 신뢰 게임이라는 실험을 했습니다.

한 사람이 다른 사람에게 투자를 하면 투자를 받은 사람은 세 배의 수익을 낼 수 있고, 수익금 일부를 원래 투자자에게 돌려주는 게임입니다. 이 게임에는 계약이 존재하지 않습니다. 얼마를 투자할지, 얼마를 돌려줄지 순전히 자발적으로 결정합니다. 이것은 마치 하청업체가 원청업체에게 납품을 하고, 원청업체가 납품단가를 지불하는 것과 비슷합니다. 또한 노동자가 위험한 환경에 노출될 때, 기업이 안전한 작업 환경을 만드는 것과 상관있습니다.

예를 들어, 최초에 을이 십만 원을 가지고 이 중 일부를 갑에게 투자합니다. 을이 오만 원을 투자하면 갑은 이를 통해 세 배인 십오만 원의 수익을 낸다고 합시다. 이제 갑은 을이 투자한 돈과 수익 얼마를 을에게 돌려줄지 결정합니다. 모두에게 가장 좋은 결과는 무엇일까요? 갑이 을에게 충분히 보상한다는 신뢰가 있다면, 을은 가진 돈 십만 원을 모두 투자합니다. 갑은 삼십만 원을 벌 수 있고, 을에게 빌린 돈 10만원과 어느 정도 정당한 보상을 합니다.

실제 실험 결과는 어떻게 나왔을까요? 대다수 을은 가진 돈 10만 원 중에서 약간의 돈만 투자합니다. 투자를 받은 갑은 빌린 돈보다도 적은 액수를 돌려줍니다. 을이 처음부터 조금 투자하는 이유는 빌려준 돈조차 못 받을 수 있다는 불신 때문이에요. 실제로 갑은 그렇게 행동을 했습니다.

연구자들은 게임을 조금 바꾸었어요. 마지막 단계에서 을이 갑

시장, 세상을 균형 있게 보는 눈

을 응징할 수 있는 기회를 제공했습니다. 갑이 정당한 보상을 하지 않는다고 생각하면, 갑의 돈을 없앨 수 있게 했습니다. 이때 복수는 공짜가 아니라 비용이 나갑니다. 갑이 가진 돈 2만 원을 없애기 위해서 을 자신도 만 원을 포기해야 합니다. 사람들의 행동은 달라졌을까요? 완전히 달라졌습니다. 을은 자신이 가진 돈 10만원을 거의 모두 투자하고, 갑은 자신이 얻은 수익을 공평하게 나누어 을에게 돌려줍니다. 무엇이 실험 결과를 완전히 바꿨을까요?

여러분이 을이라고 생각해보세요. 만약 갑이 빌려간 돈도 다 돌려주지 않는다면 어떻게 할까요? 완전히 합리적이고 자신 이익을 극대화하는 사람은 응징하지 않습니다. 갑에게 화가 나지만, 자신의 돈을 포기해야만 갑의 돈을 없앨 수 있으니까요. 하지만 우리 인간은 불공정한 결과를 처벌하고 싶은 욕망이 있습니다. 불공정을 향한 복수가 자기 이익을 극대화하는 이기심을 이깁니다. 갑은 바로 이 점을 잘 이해해서 수익을 공평하게 나누기로 결정합니다. 또한 이를 예상하는 을은 이제 과감하게 가진 돈 전부를 투자합니다. 신뢰 게임은 복수 또는 처벌이 존재해야 신뢰 관계가 만들어진다는 사실을 잘 보여줍니다.

흔히 시장경제를 보이지 않는 손, 가격체계로 비유합니다. 하지만 이 설명은 반쪽짜리입니다. 시장경제는 두 개의 바퀴로 굴러 갑니다. 하나는 가격체계이고, 다른 하나는 신뢰입니다. 정보 문제가 크지 않고 계약이 잘 작동하는 영역에서는 가격이 모든 거래를 잘 조정합니다. 애덤 스미스가 지적한 것처럼 가격체계라는 바퀴를 돌리는 연료는 바로 이기심입니다. 반면 계약이 불완전할 수밖에 없는 영역에서는 신뢰가 거래를 가능하게 합니다. 신뢰라는 바퀴를 돌리는 연료는 바로 불공정성에 대한 분노, 처벌, 복수라 할 수 있습니다.

많은 사람은 시장경제가 가격이라는 바퀴만으로 굴러간다고 오해하고, 한 바퀴로 굴립니다. 그들은 이기심과 탐욕을 시장경제에 꼭 필요한 성품과 가치로 찬양하지요. 하지만 한 바퀴로 굴러가면 사고가 날 수밖에 없어요. 또 다른 바퀴인 신뢰가 함께 굴러가야 공정한 시장경제가 만들어집니다. 이를 위해서 신뢰를 저버리는 갑에게 분노와 처벌이 필요합니다.

시장, 세상을 균형 있게 보는 눈

갑질을
막을 수 있을까

갑을관계는 갑과 을로 불리는 계약 당사자의 계약관계를 의미합니다. 흔히 지위가 높은 사람이 갑으로, 낮은 사람이 을로 불려요. 갑을관계는 비대칭적 권력의 상하관계라는 의미로 통용되어요. 갑이 부당하거나 불공평한 일을 을에게 요구하는 것을 갑질이라 부르고, 갑을관계는 갑질의 부정적 의미를 내포하며 사용될 때가 많아요. 갑을관계 문제가 기업의 안과 밖에서 다양한 형태로 나타납니다. 하청기업 직원에게 무례하게 말하는 원청 기업 직원, 부하 직원에게 부당한 지시를 하는 직장 상사, 상점에서 눈살을 찌푸리게 만드는 진상 고객처럼 대표적인 갑질 사례를 아세요?

어떤 면에서 갑질은 앞에서 설명한 주인-대리인 관계와 정반대라고 할 수 있어요. 계약관계에서 더 높은 위치에 있는 주인이 대리인을 부당하게 괴롭히고 못살게 구는 행동이기 때문입니다. 대리인 문제와 달리 갑질은 경제학 교과서에 등장하지 않는 단어입니다. 경제학 이론에서는 거래 당사자가 서로 가격 흥정을 벌이지만, 상대방을 무시하는 언어와 난폭한 행동을 보이지 않습니다. 많은 경제학자가 "경제학이 세상의 모든 이면을 설명한다"고 야심차게 외치지만, 삶 전면에서 목격되는 갑질에 침묵해요.

거래 관계에서 갑질이 왜 나타나는지, 어떻게 하면 갑질을 막을 수 있는지 관련 연구가 사실상 존재하지 않아요. 그 이유를 경제학자에게 묻는다면, 아마도 다수가 비슷한 대답을 할 것 같아요. "경제 이론이 상정하는 경제적 인간Homo Economicus은 비록 이기적이지만 합리적이기 때문에 갑질할 이유가 없습니다."

저도 작은 갑질을 당한 적이 있어요. 어느 날 같은 학교에서 일하는 교수가 제게 불같이 화를 냈습니다. 제가 도저히 수긍할 수 없는 이유였지만 따지고 들지 않았어요. 얼마 후 있을 종신교수 심사를 앞두고 밉보이지 않기 위해 갑질을 당하기로 했어요. 다른 학교에서 일하는 지인에게 이 이야기를 들려주자, 지인은 비슷한 일이 자신의 학과에서도 벌어졌다고 말했어요. 이야기는 완전히 다르게 흘렀습니다. 갑질을 당한 사람은 이제 막 임용된 조교수였지만, 불

시장, 세상을 균형 있게 보는 눈

같이 화를 내며 싸웠다고 해요. 그가 대범한 용기를 가진 사람이기 때문일까요? 그는 학계에서 뛰어난 평가를 받고 있고 언제든 다른 대학으로 직장을 옮길 수 있는 사람이에요.

갑질을 거부하는 것은 바로 외부 대안이 존재하는지 여부에 달려 있습니다. 다른 대안이 있으면 떠날 자유가 있어요. 갈 곳이 있는 사람은 얼마든지 갑질을 거부할 수 있습니다. 그렇지 않은 을은 갑질을 받아들일 수밖에 없습니다.

왜 갑을관계라는 말이 사회를 규정하는 핵심 키워드가 되었을까요? 1990년대 전후를 비교할 때, 우리는 떠날 자유를 잃어버린 사회에 살고 있어요. 선택할 수 있는 외부 대안이 현저하게 줄어들었습니다. 대기업을 다니는 사람이 직장 상사에게 갑질을 당한다고 합시다. 그는 과연 중소기업으로 옮길 수 있을까요? 정규직 직장인은 비정규직이 될지 모르는 위험을 감수할 수 있을까요?

1980년대까지 중소기업 노동자는 대기업 노동자에 비해 돈을 어느 정도 받았는지 아세요? 대기업 노동자가 버는 돈의 대략 90%를 받았어요. 그러면 지금은 어느 정도일까요? 대략 60%입니다. 이처럼 중소기업 임금은 상대적으로 크게 줄었어요. 반면 중소기업의 고용 비중은 상대적으로 커졌습니다. 1980년대 중소기업의 고용 비중은 54%였지만, 지금은 80%를 넘어섭니다.

정규직과 비정규직의 임금 차이도 지속적으로 증가했어요. 비정규직 노동자는 정규직 노동자 임금의 절반 정도를 받습니다. 비정규직이 되면 임금이 절반이라는 절망뿐만 아니라 불확실한 미래에 대한 불안까지 껴안고 살아가야 해요. 한 직장에서 1년을 머무르지 못하는 사람의 비율이 절반을 넘고, 비정규직이 3년 안에 정규직으로 전환되는 비율은 10명 중 2명입니다.

소득 불평등과 고용 불안정으로 괜찮은 외부 대안이 크게 사라졌습니다. 대기업과 중소기업의 임금격차가 크지 않고 쉽게 다른 직장을 찾을 수 있다면, 썰렁한 부장 개그조차 참지 못하고 대기업 정규직 직장을 그만둘까 고민하는 사람이 있을지 몰라요. 그러나 월급이 큰 폭으로 내릴지도 모르고 직장을 전전해야 할지도 모르는 현실을 생각하면, 직장 상사의 사적인 업무 부탁과 그치지 않는 폭언, 인격 모독, 차별, 치근덕거림도 견뎌내야 합니다.

삼성전자, 현대자동차 같은 대기업을 다니는 사람도 마찬가지예요. 삼성전자 직원 평균 연봉은 1억이 조금 넘고, 현대자동차 직원 평균 연봉은 9천 6백만 원이라고 해요. 모두의 부러움을 사지만, 그들도 갑질에서 자유롭지 않습니다. 만족스러운 외부 대안을 가지고 있지 않기 때문이에요. 갑질을 거부하고 직장을 떠나면, 다른 대기업으로 직장을 옮기는 행운이 따라도 30% 넘는 연봉 감소를 감수해야 합니다. 전체 대기업의 평균 연봉은 6천 7백만 원이기 때문

시장, 세상을 균형 있게 보는 눈

이에요. 갑을관계가 경제 하층부에서만 드러나는 것이 아니라 전 방위적으로 터지는 이유입니다.

최근 실험경제학과 행동경제학은 갑질에 대한 복잡한 인간 속내를 한층 현실적으로 들여다봐요. 갑질하는 인간, 갑질에 분노하는 인간, 갑질이 벌어지는 상황에 참견하는 인간, 갑질에 대항해서 연대하는 인간 등이 경제학 연구에서 드러납니다. 비록 직접적인 갑질 연구는 아니지만, 인간 생얼을 찾는 연구는 갑질 원인을 이해하고 갑질을 예방하는 대안을 제시합니다.

'독재자 게임'은 두 사람이 참여하는 게임입니다. 갑은 실험 진행자에게 얼마의 돈을 받습니다. 갑은 받은 돈 일부를 다른 실험 참가자 을에게 건넬 수 있어요. 을은 아무것도 할 수 없고, 갑이 건네주는 돈을 받을 뿐입니다. 이런 의미에서 독재자 게임이라 불러요. 가장 흔하게 하는 실험에서 실험 진행자는 참가자를 무작위로 갑과 을로 나누고 서로 다른 방으로 안내합니다. 두 사람은 서로를 전혀 알지 못하고, 실험 전이나 후에 서로 볼 수 없어요. 그럼에도 불구하고 갑은 을에게 돈을 나누어줄까요?

많은 실험에서 평균적으로 60%의 갑은 가진 돈 일부를 을에게 나누어줍니다. 을에게 건네주는 평균 액수는 가진 돈의 20%입니다. 아마도 주변을 돌아보면, 돈을 나누어줄 것 같은 60% 사람과 전혀 나누어주지 않을 40% 사람을 떠올릴 수 있어요. 세상이 삭막하다고 탄식할 때도 있지만, 아직 세상은 살 만한 곳이라고 웃음을 지을 때도 있어요.

저도 지인 60%를 '좋은 사람'으로 분류할 수 있어요. 그렇다고 그들 모두를 '항상 좋은 사람'으로 생각하지 않습니다. 저도 그들도 상황에 따라 변덕을 잘 부려요. 이를 확인하기 위해 연구자는 독재자 게임을 조금 바꿨어요. 이번에는 실험을 시작할 때, 을에게도 5달러의 돈을 줍니다. 갑은 앞의 실험처럼 자신이 가진 10달러 중 얼마를 나누어줄 수 있어요. 또한 을이 가진 돈을 빼앗는 갑질을 할 수도 있습니다. 1달러만 빼앗는 상황과 5달러 중 원하는 만큼 빼앗는 상황을 나누어 실험했어요. 과연 이런 상황에서 갑은 어떻게 행동할까요?

1달러만 빼앗는 실험에서는 앞의 독재자 게임보다 훨씬 적은 35%의 갑만 가진 돈 일부를 나누어줍니다. 20%의 갑은 1달러를 빼앗는 결정을 했어요. 을이 가진 5달러 중 원하는 대로 마음껏 빼앗는 실험에서는 겨우 10%의 갑만 얼마의 돈을 을에게 나누어주었습니다. 가장 흥미로운 대목은 바로 이것이에요. 무려 40%가 넘는 갑이 5달러 모두를 빼앗고, 10%는 4.5달러를 빼앗습니다. 사실상 갑의 절반이 을의 돈을 거의 모두 빼앗는 결정을 합니다.

처음의 독재자 실험을 통해서 인간이 모두 이기적이지 않고, 절반이 넘는 60%의 갑이 나눔을 선택한다는 훈훈한 연구 결과를 얻었어요. 하지만 빼앗을 수 있는 선택이 주어지니까, 이제 절반의 사람이 다른 사람의 돈을 빼았는다는 우울한 결과를 얻었어요. 도대체 왜 이런 변화가 일어날까요? 경제학자는 여러 실험을 통해서 행동 변화를 설명하는 두 가지 이유를 제시합니다. 첫째, 사람은 도덕 준거점을 가지며, 여기서 벗어나는 행동을 할 때 심리 비용을 지불하기 때문입니다. 둘째, 사람은 주어진 사회 규범과 규칙에 순응하는 경향이 있기 때문입니다.

한 마디로 말하면 갑질해도 되니까 갑질하는 것이에요. 집에서는 좋은 부모, 좋은 자녀, 좋은 배우자인 사람도 갑을관계로 이루어진 환경에서는 달리 행동할 수 있습니다. 특히 꾸벅꾸벅 인사를 받는 자리인 직장 상사, 원청업체 직원, 매장 소비자, 항공사 승객의 위치에 서면, 갑처럼 행동하는 것을 당연하다 여기기 쉬워요. 갑질에 따른 죄책감이 줄어들 수밖에 없습니다.

독재자 게임을 다양한 방식으로 바꾸면서 인간의 선택과 행동 변화를 살펴보는 광범위한 연구가 이루어졌어요. 실타래를 칼로 자르는 듯 확실하게 갑을관계를 해결하는 방법을 제시하지 않지만, 많은 연구가 어떻게 갑질을 줄일 수 있는지 실마리를 제시합니다.

을에게 갑의 결정을 받아들이거나 거절할 수 있는 거부권을 부여합니다. 만약 갑의 결정을 거절하면 갑과 을은 누구도 돈을 가질수 없어요. 이를 '최후통첩게임'이라고 부릅니다. 여전히 갑은 돈의 분배를 결정하는 독점적 권한이 있지만, 을은 거부권을 행사함으로써 갑을 처벌할 수 있는 권한을 받습니다. 이때 을은 갑을 처벌하는 데 비용이 든다는 것을 기억하세요. 갑이 제시한 돈을 포기해야 하기 때문입니다.

이런 상황에서 을은 어떻게 행동할까요? 만약 을이 경제학 교과서가 상정하는 이기적 인간이라면, 갑이 주는 돈이 아무리 작다 해도 거절하지 않을 것입니다. 이를 합리적으로 예상하는 갑은 어떻게 할까요? 갑은 최소한의 돈만 주려고 할 거예요. 실제 실험에서도 갑과 을은 그렇게 행동할까요?

일반적 실험 결과에 따르면, 대다수의 갑은 50대 50으로 나누어 갖는 결정을 합니다. 소수의 갑만 80대 20 또는 그 이하로 불공평한 제안을 했어요. 흥미롭게도 을은 불공평한 제안에 분노하며 갑의 결정을 거부합니다. 10% 또는 20% 제안을 받은 거의 모든 을이 거부를 선택합니다. 불공평에 대한 분노가 이기심을 누르고 갑을 처벌합니다. 갑은 이 가능성을 직관적으로 예상하기 때문에, 대다수 갑은 공평한 제안을 선택해요. 최후통첩게임은 을이 분노할 수 있고 거부권을 행사할 수 있게 하면 갑을관계의 불공평함을 개선할 수 있다는 것을 보여줍니다.

시장, 세상을 균형 있게 보는 눈

실험에 한계도 있어요. 몇 푼 돈으로 펼치는 실험과 막중한 현실의 무게가 같을 수는 없으니까요. "중소기업은 대기업의 갑질을 공정거래위원회에 제소하여 갑을 처벌할 수 있기 때문에, 대기업은 힘이 있다고 해서 함부로 갑질을 하지 않습니다"라고 쓸 수 있으면 얼마나 좋을까요. "진상 짓을 하는 직장 상사와 손님을 처벌할 수 있기 때문에 갑질이 벌어지지 않습니다"라고 쓸 수 있으면 얼마나 좋을까요.

갑이 가진 액수가 커지면 을이 갑을 처벌하기 위해 포기해야 하는 비용도 커질 수밖에 없어요. 을에게 거부권이 주어진다고 해도, 을이 쉽게 거부권을 행사하지 못하는 이유입니다. 이를 확인하기 위해서 연구자는 인도 북동쪽에 있는 가난한 마을에서 실험을 했어요. 돈의 액수를 달리하면서 최후통첩게임을 진행했어요.

갑은 실험 진행자에게서 20루피, 200루피, 2,000루피, 20,000루피를 받습니다. 액수가 커질수록 갑이 을에게 제시하는 돈의 비율은 줄어듭니다. 갑이 가진 돈의 20% 이하를 제시할 때, 을이 거부권을 행사하는 정도도 크게 달라집니다. 20루피나 200루피를 나누어 갖는 상황에서는 40%의 을이 거부했어요. 그러나 20,000루피를 나누어 갖는 상황에서는 5% 이하의 을만 거부했습니다. 왜 현실에서 을이 분노하기 어려운지 알 수 있습니다.

또 다른 연구자는 독재자 게임에서 제삼자 '병'이 갑과 을 사이에 개입하는 실험을 했어요. 병은 갑이 을에게 얼마를 주는지 지켜본 후에 갑을 처벌할 기회를 갖습니다. 병은 자신의 돈 1달러를 써서 갑의 돈 3달러를 없애버릴 수 있어요. 즉 처벌에는 비용이 따릅니다. 만약 병이 이기적 인간이면, 갑과 을 사이에 벌어지는 일에 끼어들지 않을 거예요. 실험에서 병은 남 일을 그냥 지켜보았을까요? 갑이 공정하게 돈을 나누어 가지지 않으면, 60%의 병은 자신의 손실을 감수하며 갑을 처벌했어요. 불공평한 분배일수록 처벌의 강도는 증가했어요. 이를 예상한 대다수의 갑은 독재자 게임과 비교할 때 을에게 더 많은 액수의 돈을 주었습니다.

다시 상황을 조금 바꿔서 을의 연대가 이루어지는지 살펴보았어요. 갑과 을로 짝지어진 A, B, C 그룹이 있을 때, A 그룹의 을이 B 그룹의 갑을 처벌하게 하고, B 그룹의 을이 C 그룹의 갑을 처벌하게 했어요. 즉 다른 그룹의 을이 병의 역할을 합니다. 이 경우 처벌의 강도가 더욱 증가하고, 을에게 분배되는 돈의 크기도 더욱 증가했습니다. 이처럼 을은 서로 연대해서 싸울 수 있어요. 실험에서는 한 사람의 병 또는 한 사람의 을이 개입했지만, 여러 명의 을과 병이 연대한다면 갑의 결정은 어떻게 달라질까요?

마지막으로 가장 단순한 방법으로 갑의 선택을 공평하게 만든 연구 결과를 소개할게요. 기본적인 독재자 게임에서는 서로 볼 수 없도록 하고 서로 정보를 알려주지 않아요. 이번에는 독재자 게임

시장, 세상을 균형 있게 보는 눈

을 펼치기 전에, 갑과 을이 몇 초 동안 서로 말없이 볼 수 있게 했어요. 이 정도로 갑의 행동이 변할 수 있을까요? 무려 70%의 갑이 을과 50대 50으로 공평하게 돈을 나누어 갖는 선택을 했습니다.

이 연구 결과에는 몇 가지 논쟁이 있어요. 서로를 볼 수 있게 하면, 실험이 끝난 후에라도 을이 갑을 처벌할 수 있는 가능성이 존재합니다. 얼굴을 본 것이 아니라 처벌될 가능성 때문에, 갑이 공평한 분배를 선택했다는 문제 제기가 가능합니다. 이것을 해결하기 위해 연구자들은 갑만 을의 얼굴을 볼 수 있게 했어요. 이 경우 35%의 갑이 공평한 분배를 선택했습니다. 을에 대한 기본적인 정보까지 제공하면, 공평한 분배를 선택한 갑은 52%로 증가했어요.

갑질의 문제를 어떻게 할까요? 나와 타자를 갑을관계로 만드는 상황을 무심코 지나치지 않아야 해요. 배꼽 인사를 하는 매장과 무릎 꿇고 주문을 받는 식당처럼 과도한 친절이 강요되는 곳에서 세상의 을은 서로의 갑에게 항의해야 합니다. 갑은 을의 얼굴을 잠시 쳐다보세요. 을이 어떻게 살아가는지 보세요. 우리 스스로가 갑질하는 사람이 되지 않고, 내 가족과 이웃이 갑질을 당하지 않는 세상을 만드는 방법입니다.

왜 불평등이
커질까

대략 전 세계 최고 부자 26명이 가진 재산이 세계 인구 절반이 소유한 재산의 합과 같다고 합니다. 상위 1%가 가진 재산이 나머지 99%가 소유한 재산의 합보다 많다고 합니다. 보고서와 데이터에 따라 조금 차이가 있지만, 이런 통계가 신문 기사에 자주 소개됩니다. 이것을 볼 때마다 심각한 글로벌 불평등에 깜짝 놀라곤 해요.

전통적으로 경제학자는 이런 숫자에 관심을 많이 기울이지 않았어요. 기회만 공평하게 주어지면 능력에 따른 소득과 부의 차이는 타당하다고 생각했어요. 많은 경제학자가 불평등은 어쩔 수 없다고 생각했고, 만약 불평등이 심각해도 그것을 고치는 정책이 더 많은 문제를 낳는다고 생각했습니다. 노벨경제학상 수상자 로버트 루카스는 불평등을 바로잡는 정책 연구를 경제학에서 가장 해로운 주제라고 말했습니다. 세금을 올리고 복지 지출을 늘리는 재분배 정책은 열심히 일할 동기를 줄이고 경제성장을 늦춘다고 생각하기 때문입니다. 게다가 불평등을 객관적으로 측정하는 일은 생각보다 어려워요. 일반적으로 소득 및 재산의 불균형한 분포를 통해 불평등을 이해하지만, 어느 정도까지 평등하다고 하고 어디서부터 불평등하다고 할지 정하기 쉽지 않습니다.

이런저런 이유로 경제학자가 불평등에 관심을 덜 기울이지만, 그렇다고 소득 및 재산 분포에 전혀 관심이 없는 것은 아니에요. 경제학자는 불평등보다 가난한 사람의 삶에 더 관심을 기울였어요. 부자가 돈을 더 많이 버는 것에 이래라 저래라 말할 수 없지만, 가난한 사람이 건강과 기본적인 삶의 질을 유지하지 못하거나 기초 교육을 받지 못하는 것은 분명히 사회 문제라고 인식했습니다.

경제학계 분위기가 최근에 크게 변하고 있습니다. 경제 불평등이 지나치게 심해지기 때문입니다. 또한 불평등 연구가 활발하게 이루어지면서 불평등이 낳는 사회 문제에 대한 이해가 달라지고 있어요. 기대 수명, 문맹률, 유아 사망률, 범죄율 및 수감률, 십대 임신, 사회 신뢰 수준, 비만, 정신 질병, 계층 이동성 등을 포함하는 '사회 문제 지수'를 국가 간 비교하면, 절대 소득 크기가 아니라 불평등 정도가 중요하다고 나타납니다. 가난하기 때문에 사회 문제가 많다고 생각했는데, 불평등이 심할수록 사회 문제가 더 많다고 밝혀졌습니다. 미국이 대표적입니다. 부유한 나라이지만, 미국은 경제 불평등과 각종 사회 문제가 여느 나라보다 심각해요.

최근 소득 불평등과 경제성장의 관계를 다루는 경제학 연구가 새로운 결과를 내놓고 있습니다. 과거 경제성장을 위해서는 불평등이 불가피하다고 생각했지만, 불평등이 높을수록 오히려 장기 경제성장률이 낮아진다고 나타났어요. 따라서 경제 불평등이 경제성장을 가로막는 이유도 활발하게 연구합니다. 불평등이 커지면 최상위층과 저소득층 모두 비생산적인 방향으로 경제적인 선택을 합니다. 불평등한 사회일수록 최상위 계층은 더 큰 정치적 힘을 갖고, 우월한 지위와 힘을 바탕으로 특권층 이익만 좇는 지대추구 행위에 몰입합니다. 동시에 저소득층은 학교 교육을 받고 생산적인 기술과 지식을 얻는 데 더 어려움을 겪습니다.

상황이 이렇다 보니, 과거에는 성장 논리를 훨씬 중요하게 여기던 국제기구가 불평등에 대한 입장을 크게 바꾸고 있어요. 최근 경제협력개발기구OECD, 국제통화기구IMF, 세계은행은 불평등이 경제성장에 미치는 부정적 영향을 강조하고 정부가 적극적으로 재분배 정책을 실시해야 한다고 제안하기에 이르렀습니다.

왜 경제적 불평등이 점점 더 심해질까요? 어떤 경제학자에게 물어도 같은 대답을 할 거예요. 하나는 국제 무역 증대, 자본 시장 개방, 이민 증가와 같은 세계화입니다. 다른 하나는 자동화, 인공지능, 빅데이터 등을 포함하는 정보 기술과 로봇의 발전입니다.

세계화는 왜 불평등을 증가시킬까요? 선진국은 높은 기술이 요구되는 상품을 수출하고 노동집약적인 상품을 수입합니다. 따라서 전문 기술직에 대한 수요는 늘고 임금은 높아집니다. 반면 단순 생산직에 대한 수요는 줄고 임금은 낮아질 수밖에 없습니다. 이에 더해 외국인 노동자의 국내 유입, 공장의 해외 이전은 두 그룹의 임금 격차를 더 벌리는 역할을 합니다.

여기서 한 가지 짚고 넘어갈 것이 있어요. 세계화가 불평등을 악화시킨다고 할 때, 이는 주로 선진 국가에 해당하는 내용이에요. 국제 무역이 국가 간 불평등에 미친 영향은 완전히 다른 이야기입니다. 사실 국가 간 불평등은 국제 무역 덕분에 크게 줄었다고 할 수 있어요. 중국이 대표적이에요. 무역을 발판 삼아 절대 빈곤층이 크게 줄고 중산층 비율은 증가했습니다.

정보 기술과 로봇 역시 소득 격차를 크게 벌립니다. 과거에 기계는 주로 도구로 이용되었고 노동자 생산성을 높여주는 역할을 했습니다. 최근에 기계는 자동화, 인공지능, 빅데이터 등으로 인간을 직접 대체하고 있습니다. 업무 예측 가능성이 높은 생산직과 저임금 서비스 업종일수록 기계가 노동을 빠르게 대체하고 있어요. 따라서 저임금 노동자 임금이 낮아지고, 일자리가 줄어들어요.

세계화와 정보 기술은 전 세계 노동시장을 하나의 시장으로 통합하고 승자독식 구조로 바꾸고 있습니다. 이미 높은 소득을 얻는 직업군의 소득이 더욱 폭발적으로 증가합니다. 이 현상을 스포츠 선수의 소득을 통해 이해할 수 있습니다. 혹시 마스터스 골프 대회의 우승 상금이 어떻게 변했는지 아세요? 1948년 우승 상금이 지금 돈으로 2,500달러 정도였지만, 2019년 현재 207만 달러에 이르렀습니다. 무려 828배가 늘어났어요. 반면 골프장 직원 월급은 이와 비교할 때 거의 오르지 않았습니다.

이런 일이 스포츠와 연예계 시장에서, 거대 기업 경영인과 엔지니어와 디자이너 시장에서 벌어집니다. 세계 최고 수준의 엔지니어와 그 뒤를 잇는 수준급 엔지니어의 능력 차이는 그렇게 크지 않지만, 둘 사이의 임금격차는 어마어마합니다. 이와 달리 생산직에서는 능력 차이에 따른 임금차이가 그다지 크지 않습니다.

경제 불평등은 최근 미국과 유럽 같은 선진 세계에서 거세게 불어닥치는 포퓰리즘과도 관련이 깊어요. 도널드 트럼프의 미국 대통령 당선과 영국의 브렉시트 국민투표 결정은 일자리 축소와 임금 감소로 삶의 자리가 근본적으로 흔들리는 저소득층의 불만과 분노에서 비롯되었다고 평가받습니다. 많은 전문가는 저소득층이 자신

시장, 세상을 균형 있게 보는 눈

의 이익에 반하는 결정을 했다고 지적해요. 마치 앞의 글에서 설명한 최후통첩게임이 실제 현실에서 펼쳐진 것 같지 않나요? 지금 불평등한 상황이 불공평하다고 느끼는 대중이 자신 이익을 포기하면서 엘리트에게 반대하고 있습니다.

경제학 교과서에는 한국이 자주 등장해요. 예상하겠지만 가장 성공적인 경제성장을 보인 나라로 소개됩니다. 또 하나의 이유가 있어요. 성장 과실이 국민 전체에게 골고루 나누어졌고, 폭발적 경제성장에도 불구하고 불평등이 악화되지 않았습니다. 이 부분은 조금 놀랍게 들리나요? 우리나라 소득 및 재산 불평등이 심각하다고 보도하는 기사 내용과 차이가 있어 보이니까요.

사실 여러 교과서가 아직 업데이트되지 않아서 그래요. 1990년대 중반까지 보면 교과서 내용이 옳습니다. 이때까지 한국에서 불평등은 큰 문제가 되지 않았어요. IMF 외환위기를 겪은 이후 한국 경제 불평등도는 OECD 회원국 중에서 가장 빠르게 변했습니다. 소득 불평등 정도를 보여주는 간단한 방법은 중위소득과 최하위 10% 소득 간의 비율인데요. (중위소득이란 소득순으로 나열할 때, 중간에 위치한 사람의 소득입니다.) 두 계층의 소득 격차가 클수록 비율 값은 높아집니다. 현재 한국은 OECD에서 가장 큰 격차를 보여요.

왜 대한민국 소득 불평등이 더 두드러질까요? 대기업과 중소기업의 임금격차와 정규직과 비정규직의 임금격차 때문입니다. 이를 두고 노동시장의 양극화라고 부르는데, 여기에는 경쟁을 압도하는 힘의 집중이 숨어 있어요. 대기업이 중소기업에 비해 압도적인 협상력을 가지고, 같은 노동자라 하더라도 정규직이 비정규직에 비해 과도한 보호를 받습니다. 이밖에도 저임금 서비스 산업의 낮은 생산성도 소득 불평등을 상당 부분 악화시킨다고 지적받습니다. 한편 재산 불평등은 일반적으로 소득 불평등보다 더 크게 나타납니다. 우리나라의 재산 불평등은 OECD에서 미국에 이어 가장 높은 수준을 보입니다.

심각한 소득 및 재산 불평등도 문제이지만, 더 심각한 문제는 기회의 불평등이에요. 금수저·흙수저 논쟁은 이러한 현실을 잘 반영합니다. 기회가 공정한 세상이라면 개인의 능력과 노력에 따라 보상을 받고, 부모의 사회경제적 지위와 상관없이 자신의 미래를 만들 수 있습니다. 이런 세상에서는 부모와 본인 간 계층이동이 활발합니다. 하지만 어떤 수저를 물고 태어나는지 중요하다면 기회가 평등하다고 할 수 없습니다.

스웨덴과 노르웨이 같은 북유럽 국가에서 자녀가 예상하는 소득 분포는 부모의 사회경제적 지위에 좌우되지 않습니다. 반면 불평등이 높은 미국과 한국에서 자녀가 예상하는 소득 분포는 부모 지위에 따라 많은 영향을 받습니다. 실제로 저소득층이 중산층 이

시장, 세상을 균형 있게 보는 눈

상으로 이동하는 비율을 나타내는 빈곤탈출률은 지속적으로 하락하는 추세를 보입니다.

기회 불평등 이야기가 나오면 예전에는 으레 교육이 해결책으로 제시되었어요. 평등한 교육 기회를 제공하여 소득과 재산의 불평등을 줄일 수 있다고 생각했어요. 하지만 현실은 정반대로 작동합니다. 이제 교육은 계층 이동의 사다리가 아니라 계층 이동을 막는 메커니즘으로 작동하고 있어요. 교육비 지출 격차는 소득 격차보다 훨씬 크게 나타나요. 이에 따라 부모의 학력과 소득이 자녀의 입시 성적에 영향을 미친다는 연구 결과가 많이 소개됩니다.

잘 작동하는 시장경제는 전체 파이 크기를 키우고, 사회 구성원이 더 큰 조각을 차지하도록 만들어요. 모두가 크기가 같은 조각을 먹지 않지만, 자신이 기여한 만큼 공평하고 정당한 크기의 파이 조각을 갖습니다. 경제성장이 잘 이루어지고, 성장 과실이 모두에게 분배되며, 불평등이 심하게 나타나지 않습니다. 시장경제가 잘 작동하지 않으면 파이 크기도 자라지 않고 불평등이 커질 수밖에 없어요. 독과점과 정실자본주의는 이미 큰 조각을 가져가는 소수가 더 큰 조각을 가져가도록 하고, 작은 조각을 가져가는 다수가 더 작은 조각을 가져가도록 만듭니다. 외부효과, 공공재, 공유재, 비대칭 정보와 같은 시장실패 역시 다양한 방식으로 다수 약자에게 비용을 떠넘기거나 그들을 시장의 혜택에서 배제합니다.

"파이를 먼저 키워서 나누어 먹자"라는 선 성장 후 분배 논리는 오랫동안 정치인과 경제학자의 입에 오르내렸어요. 파이가 커지면 자연스럽게 모두가 더 큰 조각을 가져갈 수 있다는 주장입니다. 어떤 정부개입도 거부하는 자유시장주의는 파이를 좀 더 공평하게 나누는 방식을 반대합니다. 반면 재벌과 대기업 그리고 부유층에게 상대적으로 더 큰 파이를 주는 정책을 밀어붙이기도 합니다. 부자의 씀씀이가 중하층부로 흘러갈 것이라는 낙수 효과를 믿기 때문입니다.

1970~1980년대에 이루어진 한국의 폭발적인 경제성장은 실제로 성장과 분배가 동시에 나타나는 모습을 보여주었습니다. 하지만 이런 상황은 극히 예외적이에요. 경제가 선진국 모습을 갖추면 빠른 성장도 사라지고, 성장을 통한 분배도 불가능해집니다. 성숙한 경제에서 낙수효과가 존재한다는 증거는 아예 존재하지 않습니다.

성장이 분배를 가져온다거나, 재분배 정책이 성장을 해친다는 생각은 더 이상 실증 연구로 뒷받침되지 못합니다. 성장과 분배를 서로 대결하는 관계나 단순한 선형 방식으로 보는 것은 경제학적 사고의 실패입니다. 이제 성장 친화적 분배, 분배 친화적 성장을 추구하는 정책을 고민해야 합니다.

시장은 우리를 자유롭게 하는가

시장은 우리를 자유롭게 할까요? 이렇게 질문하는 이유가 있어요. 어느 철학자 말처럼 인류 역사는 자유 확대의 역사입니다. 누리는 자유가 점차 커지고 진보한 것은 역사상 가장 중요한 대목입니다. 이런 의미에서 '시장은 우리를 자유롭게 하는가'는 중요한 질문이에요. 시장경제를 소중하게 여기고 정부개입을 반대하는 사람은 '자유시장경제'라고 표현하기를 좋아합니다. 정부개입은 '자유를 침해한다'라는 숨은 의미가 담긴 표현입니다. 정말 자유시장이 우리를 자유롭게 할까요?

자유가 무엇일까요? 경제학에서 자유는 자신이 소유한 것을 아무 간섭 없이 마음껏 사용하고, 원하는 대로 사고팔며, 소득을 얻는 것이에요. 경제적 자유로 우리 모두 풍요로운 삶을 살 수 있습니다. 경제학이 기본적으로 시장경제를 지지하는 이유입니다. 시장경제는 재산권 보호와 계약 자유를 통해 많은 기회를 주고, 다양한 상품과 서비스의 소비, 풍요로운 삶을 더 가능하게 했습니다.

그렇다면 정부개입을 최소화하는 자유시장경제가 정답일까요? 문제가 이렇게 쉽고 단순하면 얼마나 좋을까요? 또 하나 중요한 질문이 있습니다. 그것은 '누구의 자유인가'입니다. 대기업이 하청기업에게 약속한 가격을 지불하지 않고 단가를 후려치는 자유는 중소기업이 연구개발을 통해 정당한 이윤을 얻는 자유를 침해합니다. 이처럼 자유는 힘과 권력, 그리고 분배 문제에서 자유로울 수 없습니다. 사랑이라는 이름으로 폭력을 행사하는 것처럼, 자유라는 이름으로 억압을 하는 때가 많아요. 힘을 가진 사람이 강요하는 자유는 다른 사람의 희생을 요구합니다. 권력과 자유는 결코 공존할 수 없습니다.

독과점, 외부성, 공공재와 공유재, 역선택, 대리인, 갑질, 불평등 등 시장실패는 바로 '누구의 자유인가'라는 문제와 맞닿아 있습니다. 독점기업은 소비자에게서 선택의 자유를 빼앗습니다. 남에게 비용을 전가하는 외부성은 명백하게 자신의 자유를 위해 제삼자의 자유를 침해하는 행위입니다. 때로 시장경제는 공공선을 제공하지 않고, 공공악을 방관하고 증폭하며, 공동체의 자유를 빼앗습니다. 정보가 낳는 역선택과 대리인 문제는 시장을 불투명하게 하고 자유가 침해되는 것을 눈앞에서 가리고 맙니다. 누구의 풍요가 누구의 궁핍을 낳을 수밖에 없는 갑질과 불평등이 시장에 만연하다면, 우리는 자유롭게 살고 있다고 말할 수 없습니다.

이제 시장 대 정부, 자본주의 대 사회주의, 성장 대 분배, 보수 대 진보, 이런 단순하고 이분법적인 논쟁을 넘어서기를 부탁합니다. 새 시대의 논쟁은 미래지향적이어야 해요. 사안마다 해법은 다를 수밖에 없고, 사안마다 과감한 시장 지향 정책과 창의적인 정부 개입이 다르게 적용되거나 결합되어야 합니다.

이 책을 다 읽은 여러분께 큰 박수를 쳐주고 싶어요. 끝까지 읽은 인내심도 대단하고 호기심도 대단합니다. 시장경제와 우리가 사는 세상이 어떻게 움직이는지 질문하는 것을 멈추지 마세요. 지적 호기심을 잃어버리면 세상을 둘로 나누는 진영 논리에 빠집니다. 좌우를 넘나드는 유연하고 포용력 있는 눈으로 세상을 꿰뚫어 보세요.

보이는 것에 집착하지 않아야 합니다. 보이는 것만 고치려고 하면 안 됩니다. 흥미롭고 대단한 이야기와 주장일수록, 특이 현상이거나 틀릴 확률이 높습니다. 오만과 편견에 빠지지 않도록 불확실성을 인정하고 확률적으로 생각해야 합니다. 상관관계를 발견한 후 너무 빨리 결론으로 뛰어들지 마세요. 숨은 변수가 있는지, 혹시 거꾸로 된 인과관계가 아닌지 생각해보세요. 여러 원인이 상호작용하여 만든 복잡한 인과관계를 꼼꼼하게 따져야 합니다.

세상을 균형 있는 눈으로 보기 시작하면 편 가르기 사고와 진영 논리에서 자유로워집니다. 세상이 쉽게 변하지 않는다는 회의주의와 세상은 조금씩 진보하고 있다는 낙관주의가 평화롭게 공존할 수 있습니다. 불가능한 꿈을 꾸지만 실현가능한 차선을 선택하며 더 좋은 세상을 만들어 갑시다.

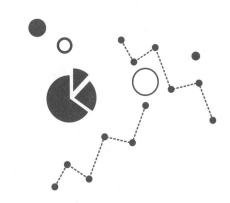

다음 세대에 전하고 싶은 한 가지는 무엇입니까?

다음 세대를 생각하는 인문교양 시리즈 아우름

아우름 시리즈는 계속 출간됩니다.

아우름 43

시장,
세상을 균형 있게 보는 눈

1판 1쇄 발행 2020년 2월 25일
1판 2쇄 발행 2023년 3월 24일

지은이 김재수
펴낸이 김성구

콘텐츠본부 고혁 조은아 김초록 이은주 김지용
디자인 이영민
마케팅 송영우 어찬 김하은
관 리 김지원 안웅기

펴낸곳 (주)샘터사
등 록 2001년 10월 15일 제1-2923호
주 소 서울시 종로구 창경궁로35길 26 2층 (03076)
전 화 02-763-8965(콘텐츠본부) 02-763-8966(마케팅부)
팩 스 02-3672-1873 **이메일** book@isamtoh.com **홈페이지** www.isamtoh.com

© 김재수, 2020, Printed in Korea.

ISBN 978-89-464-2118-9 04080
ISBN 978-89-464-1885-1 04080(세트)

값은 뒤표지에 있습니다.
잘못 만들어진 책은 구입처에서 교환해드립니다.